KGB間諜式
SPY SCHOOL
記 憶 術

丹尼斯・普欽(Denis Bukin)、
卡米爾・古列夫(Kamil' Guliev)　著

潘榮美　譯

推薦序

AI當道，讓KGB來告訴你記憶術究竟重不重要？

——暢銷書《人生路引》作者楊斯棓醫師

記憶術重不重要？

如果這個題目拿來讓高中生或大學生辯論，肯定精彩。

持論「不重要」者，可舉智慧型手機可以儲存遠超過我們所需聯繫的電話數量為例，只要執行搜尋，不必牢記任何一組電話號碼，亦可順利通話。也可打出Google Calendar等數位行事曆，鍵入半年後將入住的飯店名稱，打上地址，半年後的行程，牢牢靠靠，不會有絲毫差錯。學校教育也愈來愈偏重理解，而非早期教鞭下的上古名言：「你先背下來就對了」。

持論「重要」者，其實有更多面向可以發揮。

我們可以認真、仔細地想一想，除了本書主角情報員之外，擁有高超記憶術者，會在哪些類型的職場上吃香？

擅長記下不同種類的東西，就能在不同種類的職場吃香，姑舉幾例：

第一、數字。有些瘋狂的比賽讓參賽者挑戰記下一大串數字，冠軍的能耐另人咋舌，他們大約都有在一小時內記憶兩千五百到三千五百個數字的能力，輕鬆依序默出主辦單位的荒謬考題。

荒謬指的是題目中的數字以亂數出題，冠軍之所以能精準再現，是因為他把一組一組的數字先在腦海中有系統的圖像化，回答時再逐一從腦海中的圖像還原回一個個數字。

有人可能嗤之以鼻說就算能記下這些數字，能有何用？

非也，能記下這些數字，並非參加這類比賽之外，就別無他用。

如果有上述這等短時間記下海量數字能力的人，只要找對各個學門的專業教練，往前再走一步，恐怕不難成為麻將、圍棋或德州撲克高手。

第二、內容。記憶力最頂尖的人，課本翻過，馬上可以應付考試，簡單如國小社會課本，困難如醫學院的大體解剖原文書，我親歷過極少數同學，只要翻看課本一次，就能應付考試。問其所以，他說翻過課本後，腦中已建立圖像，遇到問題，只要閉上雙眼、稍作搜尋關鍵字，即有答案。

不必羨慕，這樣的人，大約是萬中選一。若狹隘厭世地想，他縱使有此天賦，也必有其他缺憾，上帝是公平的，開了他一扇窗，就會關了他一道門。若積極光明點想，這扇窗，上帝沒幫你打開，他必會幫你另開一道門；又或者，祂可能幫你準備一把斧頭，你花力氣找到，就能輕易破窗。

其他人靠著閱讀，咀嚼，筆記，記憶，複習，不奢望多高分，也足以通過期中、期末考。這方面的能力愈拔尖，愈能在專業證照或國家考試上吃香。

第三、人臉。有些人沒有前兩種記憶功夫，卻擅長記人臉。見過一遍的人臉，可以迅速叫出名字，具備這般功夫一樣可以走出自己一片天。我認識一位賣早餐的大哥，你買過一次早餐，他就記得你；如果你願意告訴他你的名字，他下次就會叫你名字，

而且問你是不是要吃苜蓿芽三明治跟一杯冰豆漿。你說，他的生意能怎麼不好？

　　有幾年我曾頻繁在台北出差，經常造訪一間連鎖SPA，總是預約同一位師傅。這位師傅什麼都好，五官姣好、手法專業，肌肉一捏，探其鬆緊，自行拿捏一股恰到好處的力道，較之把「力道太重或太輕都可以講」當萬用句的坊間師傅，她在我心中，自有其崇高地位。但她似乎總不認得我，每次見面，我在她眼裡都是個新朋友，我總得重新提醒她：我不習慣被按脖子。

　　有朋友認為，她一人對眾人，要記得一個月上門一到兩次的客人，本來就不容易。

　　是嗎？新竹老爺SPA的靈魂人物NINA姊，可不是這樣。我半年內去按兩次，她就記得我了。

　　能記憶人臉以及其所對應內容的人，可以成就一番事業；能記憶大量人臉跟相對應內容的人，可以成就偉大事業，譬如政壇現在很受矚目的鄭文燦，據說可以記憶一萬五千張人臉以及對方的基本背景。

　　人外有人，美國有一位過去在政壇素有kingmaker之稱的詹姆斯·法利（James Farley），他的故事較之鄭文燦，精采度毫不遜色。他曾任民主黨中央委員會的主席及美國郵務大臣，他可以叫出五萬人的名字。富蘭克林·羅斯福競選總統時，詹姆斯·法利每天都要幫忙寫數百封信給選民。

　　每當他認識一個人，他會把他的全名、事業、家庭狀況、政治見解給記起來，隔年若再碰面，他可以直接喚出對方大名，聊

到人家後院的蜀葵。試問，你能不喜歡這個朋友嗎？

　　台中市有一位競選市長失敗的政治人物，據聞就算是連幫忙他甚多的人，隔沒多久見面，他也絲毫無印象，連人家的名字都不記得叫不出。果不其然！

　　普天之下，很多職業其實都需要高明的記憶術。

　　郭子乾二十四秒內可以背出七十九個基隆到高雄的車站名，迄今仍是綜藝節目的熱哏。除非有一位藝人挑戰郭子乾熟悉的西半部鐵路之外加碼東部幹線，否則郭子乾這招可以玩到他退休。

　　信然，一位舞台劇演員或一位講師，站上舞台前，也都需具備良好的記憶術，把該呈現的內容，牢牢靠靠地烙在腦海裡，即使如此，那也只是輸入。輸出的功夫，譬如朗讀、演講、簡報、教學，若要呈現出驚人結果，記憶的功夫，其實，只是蹲馬步。

　　《讀懂一本書》的作者樊登擅長用心智圖來駕馭一本書（有別他人，樊登喜歡繪製單色心智圖），本書也提及心智圖正是把資料的結構視覺化的方法之一。

　　本書以情報員故事為經，有關記憶的各種面向為緯，交織出一本獨特的記憶訓練手冊。

　　如果記憶力之於你，有股魔法般的魅力，那這本就是你的記憶力葵花寶典，欲練記憶神功，不必自宮，只需每天按部就班，照著書中方法用功！

各界推薦

間諜般的心智能力，讓你工作三級跳、考試呱呱叫、魅力值破表！

——馬大元／國考高考雙料榜首、身心科名醫

教授超強記憶法多年，也運用記憶方法，我可以講13種語言跟背100篇以上的文章。看到了《KGB間諜式記憶術》一書後，發現這本書提出的記憶技巧與方法，可以再提升的我記憶能力。本書的特點很多，如將原本枯燥的死記死背轉換成趣味想像。再加上，有各個階段層次的提升記憶法的練習，這讓讀者可以很快速地學習記憶術並提升記憶力！

——莊淇銘／國立台北教育大學教授

本書介紹記憶最重要的兩個方法：故事法、位置法
還有心智地圖等，這些內容對學記憶術，是非常有幫助的
書中有非常多的小練習，能活化並刺激大腦
另外這本書最特別之處，當中有間諜的故事情節
學記憶術外，　還能體會讀小說的樂趣
非常推薦看這本書

——張嘉峻／2019台灣記憶冠軍

記憶術可以訓練，死腦筋難以改變！

——趙胤丞／《拆解考試的技術》、《拆解問題的技術》作者，知名企管講師

Contents

INTRODUCTION

序章

恭喜你。當你閱讀本文，代表你已被間諜學校錄取。

說到「間諜」，大多數人會想到筆式雷射槍或是打火機炸彈等等小道具。不過，間諜最重要的裝備就是頭腦。在大腦功能中，記憶力對於間諜的任務至關重要。在無法留下任何紀錄的極機密任務中，情報人員只能仰賴自己的頭腦將大量的資訊完全記憶下來，並且正確地重現。

在本書中，我們將透過各式各樣的練習讓你增強記憶力並磨練思考能力。這些經長時間研發的練習也用於培訓俄國的頂尖情報員。*

與電影世界不同的是，現實中的情報活動只需要處理資訊，也就是藉由拼湊零碎的資訊重建情報的整體樣貌。這是情報人員的工作，也是間諜學校的各位將挑戰的事情。本書將帶你學習經過極端情境測試的實戰技巧，以及激發你頭腦的無限潛能。

通往間諜之路

本書的各章按照情報探員職業生涯的階段來區分。從新手探員到雙面間諜，從簡單的任務到極其危險、複雜的任務，透過閱讀書中的章節，你將完成間諜學校的所有培訓階段。

我們將透過書中提到的各種文件與主人翁的日記，展開一場防諜作戰行動。你將隨時接受與故事相關的提問（記憶力測試），希

---

* 本書中人物皆為虛構，如有雷同純屬巧合。但書中事件根據真實故事改編。在此聲明，書中所有資料皆經由公開來源取得。

望你在閱讀時盡可能將內容一併記下。

　　每一個階段會包含記憶方法的說明，接著進到課題（「練習」「腦力訓練」）之中。或許你會覺得一開始的課題很簡單，但隨著進到下一個階段，難度也會增加。試著去學習最初級任務中提到的技巧和方法。就算一開始不靠文中推薦的技巧就能解題，之後的階段中難度就會增加，所以建議你從一開始就使用這些技巧。前面偷吃步，反而會拖慢後面階段的進度。

　　在本書中有兩大類練習。第一類為互動型，最適合於閱讀同時搭配使用，多試幾次確定自己已掌握技巧。可以在每段的重點筆記欄複習自己的學習成果。

　　如果練習中有某些問題解答不出來，就再次回去閱讀該題所需的技巧教學部分，選較簡單的題目重做幾次。第二類練習不用一邊閱讀本書也能做。在假日、超市買東西排隊、上班通勤等時間都能練習。

　　如果第一次嘗試練習時無法完成課題，也無須擔心。挑戰極限能讓你學到更多。大腦就像肌肉，大多數人已經習慣只用到極小部分功能。你需要靠練習來逐步鍛鍊大腦的力量。只要堅持下去，不只是你，周圍的人也會看見顯著的練習成效。

　　本書內容除了技巧、教學、練習和任務之外，也將闡述人類注意力、想像力與記憶力的相關知識與使用技巧。

選前混戰

　　1954年12月10日，大選前的布宜諾斯艾利斯，在阿根廷庇隆主義派候選人賈西亞‧普吉也賽與民眾見面的競選活動中，發生了一連串不尋常的事件。活動就如一般競選場合，在候選人的演說中開場，卻在暴亂中落幕。普吉也賽與社會主義者正面對決的主張，促使民眾採取字面意義上的行動。約莫300人離場後於舉辦活動的電影院外開始吶喊口號，朝社會主義派競選總部前進。這群武裝暴徒帶著園藝工具和石頭、棍棒，打碎窗戶、傢俱並攻擊民眾。社會主義派候選人加百列‧亞克利提索與數名代表受傷送醫。

　　暴亂過後，警方鮮有動作，只有少數參與暴動者受短暫拘留。令人注目的是，被拘留者否認參與暴動，卻無法解釋被捕原因，聲稱是出於好奇才參加這場競選活動。這次暴動如同一場始料未及而旋風即逝的集體精神錯亂。社會評論認為庇隆派贏面仍大。其支持度不減。即便有傳言指出，該競選活動可能受1945年春天納粹德國戰敗後逃離歐洲的法西斯勢力指導。

1954年12月12日

已屆年末，我想好好回顧這一年發生的事。除了學西班牙文之外，一切都只能用無聊來形容。我只是因為無聊才開始學西班牙文，好讓自己有事情做。我對心理學研究感到倦怠。在系主任辦公室工作也很無聊。我的人生一成不變。

應該早點讀研究所的。明年要不要再試一次？

CONFIDENTIAL

1954年12月15日

致 蘇聯國安委員會第二分局長

配合KGB之1954年12月1日「解聘不適任行動人員」一案,並圖強化學術與藝術領域知識份子臥底小組之目的,於莫斯科大學教職員中招募情報人員之動作展開執行。本人要求授權聘僱以下人員:

1. 伊弗吉尼·佩脫維奇·伊瓦諾夫
   出生年:1931

2. 伊莉娜·瓦西伊芙娜·伊黎娜
   出生年:1929

3. 安德雷·尼可萊維奇·西蒙諾夫
   出生年:1930。

以上人員相關行動檔案檢附於文件。

第二分局第九支副支長
中校 伊里因

1954年12月5日
莫斯科

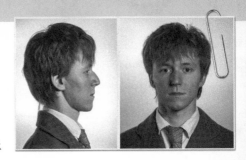

行動人員檔案
安德雷‧尼可萊維奇‧西蒙諾夫

安德雷‧西蒙諾夫，1930年生於列寧格勒。

父：尼可萊‧馬威維奇‧西蒙諾夫，出生年：1902，勞動階級。現於列寧格勒港蒸氣拖船礦工號任機械技工。免前線軍役。

母：奧嘉‧西蒙諾娃（舊名：尼伊‧伊凡諾娃），出生年：1910，勞動階級。現於列寧格勒港任起重機操作員。

西蒙諾夫就讀列寧格勒第120中學。1948年畢業後進入莫斯科大學哲學系心理學組。1953年以優異成績畢業，獲研究所入學推薦。論文主題為「以生理心理學方法證實調查與訴訟中證詞可信度」，指導教授為魯利亞。

其碩士研究與寫作活動因調查與實作緣由延期。現任職哲學系主任辦公室秘書。為青年共產主義聯盟成員。專業能力受莫斯科大學教師認可。本人不願立刻進入研究所就讀，教師表示諒解。

西蒙諾夫與哲學系心理學組師生之人際關係為情報局所關注。未來西蒙諾夫將有機會開發更多情資管道。能力優秀，智力高，記憶力佳。性格文靜。情緒穩定。無人際問題。通德語。有運動習慣。有足球比賽經驗。

興趣為生理心理學領域、催眠術、社會心理學。

未婚。

根據其意識形態與政治傾向，預估到職意願很高。

第二分局第九支副支長
中校 伊里因

記憶能力

　　人們並未好好利用自己的記憶能力，大部分人連自己的能力範圍到哪裡也不知道。

　　舉幾個例子。俄國畫家尼可萊・傑（Nikolai Ge）進到蒙帕萊斯宮（Mon Plaisir）內部的一間巴洛克式房間參觀一次，就將所有細節完整繪製出來。

　　莫札特只要聽了曲子一遍，就能將複雜的曲譜全部寫出來。貴格利・阿雷格里（Gregorio Allegri）的《求主垂憐》（Miserere）彌撒被梵諦岡教廷保密直到公開那一刻，莫札特當場聽了一遍就有辦法公開演奏了。當時他年僅14歲。

　　邱吉爾幾乎背下了莎士比亞的所有作品，用來練習口條。

　　1960年，匈牙利西洋棋棋士哈諾斯・佛拉許（Janos Flash）進行同時下52盤棋且不看棋盤的挑戰。長達13小時的棋局結束後，他也記得在52個棋盤上走的每一步。

　　不過如此驚人的記憶力並不是少數天才的專利。在某次實驗中，受試者需瀏覽一萬張投影片，然後測試記住多少。結果發現他們的圖像記憶正確率達80%。如果實驗中顯示的圖片較罕見、較明亮或色彩鮮明，正確度即上升至幾近百分之百。

根據以上敘述，我們了解到：

一、人類記憶力最大的問題不在「記住」資訊，而是需要這些資訊時如何「回想」「重現」。每個人都有完美記憶的潛力。但想要鍛鍊這個能力，必須熟習許多技巧；

二、人腦精通圖像記憶，因此大多記住資訊的技術，即「記憶術」（mnemonics）的基礎，都以轉換抽象語言或數字資訊成為畫面與意象居多。

自我測驗

安德雷・尼可萊維奇・西蒙諾夫於哪一年出生？

A) 1929

B) 1930

C) 1932

D) 1928

記憶的類型

　　現代心理學將記憶分成三類：感官記憶、短期記憶和長期記憶。

　　感官記憶直接將感覺儲存為資訊：我們看到、聽到、聞到和嚐到的東西，在原始的刺激停止後，存留的感受便成為感官記憶。感官記憶很短，受刺激者維持此感覺印象不到半秒鐘。然而此類記憶很重要，我們與環境的所有連結皆來自於此。拜感官記憶之賜，原本只是一連串瞬間單格畫面的組合，成為我們眼中持續播放的電影。

　　值得注意的資訊，就會從感官記憶進入短期記憶，存放幾分鐘至幾小時不等。短期記憶可用於眾多情況，例如：當我們在找紙筆寫下某個電話號碼時，會重複默念幾次，拿到紙筆再寫下。

　　更為重要的資訊則會從短期記憶進入長期記憶，可儲存好幾年。一般來說，資訊長期儲存的過程是無意識的 。因此我們才會莫名忘記重要的事物，卻記得一些早該遺忘許久的小細節。然而我們可以透過訓練，有意識地將資訊長期儲存下來。

　　本書將會協助你訓練短期和長期記憶能力，以及如何有意識地將資訊從短期記憶轉移為長期記憶。

一位成功的探員必須具備從所見所聞中發覺重要細節、重新詮釋資訊並連結到已知的事物的能力。換句話說，我們要發展特定的記憶能力，需要能發覺事物的注意力，及將其連結至已知事物的想像力。我們就從此出發進行本階段的任務。

注意力與記憶

注意力是選擇性接收資訊的能力，亦即只看、只聽必要的訊息、忽略不重要的。一個人專心閱讀時，不會受噪音影響。他能接收文字訊息，忽略不相干的聲音。專注能使你著眼於需要記下的微小差異與細節，而大腦不需為了給予每件事同等注意力而超載。

受過訓練的專注力與心不在焉的狀態不同，因為經過訓練的專注力可受引導。你能夠立刻進入專注狀態，必要時能長時間持續專注於一樣事物，該執行下個工作時也能輕鬆轉移注意力。

練習

　　持續長時間專注於一樣事物並非你想的那麼簡單。試試看仔細觀察眼前的物品，例如手錶好了。觀察每個細節，檢視每個刻度的間距，表面的每一處刮痕。觀察完畢了嗎？繼續觀察，看看還有沒有新發現。

　　幾分鐘之後，你應該很難繼續專心看這支錶了。突然，你發現自己其實沒有在注意手錶，而是被手錶引起的聯想給帶到遠方去了。你本來注視著錶想要盡量專注，然後數字11浮現眼前，你想起早上11點的重要會議，然後腦袋又神遊想到會議中一位同事，以及同事跟你提起的某本書，然後……你已經把手錶忘得一乾二淨了。你能逆轉剛才的思考歷程嗎？回憶一下你的思路如何從手錶開始飄到別的事，沿著這串聯想倒回手錶，再繼續觀察。還記得嗎？剛才你想到的那本書是某位同事的，這位同事也參加了你出席的會議，會議時間是早上11點。回想一下，這個時間就是你在刻度上看到的數字，也就是手錶上的刻度。

　　在此練習中，我們倒轉了一連串聯想歷程，訓練刻意引導注意力的能力。

自我測驗

民眾闖進了哪一派政治團體的競選中心？

A) 無政府主義者

B) 共產主義者

C) 社會主義者

D) 庇隆主義者

No. 67s

1954年12月17日
莫斯科

在此核可授權聘僱安德雷・尼可萊維奇・西蒙諾夫（出生年：1930）。
對此探員進行秘密情報探員工作能力測試。

蘇聯國安委員會(KGB)
第二分局長
中將 費多托夫

注意力廣度：7±2規則

注意力有一個特性，就是一般人的工作記憶能掌握的項目（如字詞、數字、物品或概念）數量介於5到9之間。

雖然我們不太可能超越這個極限，但是可以找到破解法。

我們需要做的只是把資料分組而已。例如下列電話號碼+74957894179含有12項資訊，將其分組為+7 （495） 789 41 79，就減少到5項了。如果你已經知道+7 （495）是俄國莫斯科電話區號，那就剩下4項了。

我們要將這5至9單位的限制物盡其用。這項記憶力訓練會協助你增強注意力。只要按照指示規律練習，成效立見。就像蘇聯軍隊的訓條所述，「士兵要恆常勇敢忍耐軍隊訓練的一切艱難困苦。」（The soldier must endure steadfastly and courageously all the hardships and privations of military service.）

練習

一心多用能增強切換注意力的能力。同時讀兩本書，輪流讀其中一本的一段。一段一段輪流讀。在兩個廣播頻道間每隔幾秒互相切換，同時聽兩則新聞，並且依靠訊息脈絡盡量重建沒有聽到的資訊。同時觀看兩個電視節目。

不過別太沉迷其中！這個一心多用的練習做為注意力訓練很好用，但想要一次做好許多事情的話，這種方法不太有效。

★腦力訓練：舒爾特表（5×5）

舒爾特表（Schulte Table）能夠加快認知能力的進步，像是周邊視覺、注意力、自律及專注能力。

本頁有一張5行5列的表格，在每一格中隨機排列數字1到25。你的任務是把數字按順序找出來。

但是，不能讓視線在格子間移動，也不能唸出或默念這些數字。你得將視線集中在中央那一格，依靠周邊視覺尋找數字。一開始會有困難，別放棄。之後這個練習對觀察和速讀等等都很有幫助。

要常常回來做這個練習。久了之後，你會在心中視覺化此圖像。經過訓練後，完成任務的時間可以減至12至15秒，甚至更快。

20	2	16	9	18
12	24	17	14	1
19	21	10	15	5
22	4	8	3	23
25	13	7	6	11

1954年12月19日

漫長的一天。期末考將至，系主任辦公室亂七八糟，
學生老師們也是。文件堆滿天。

晚上回家時，蘇聯調查局找上門要聘請我。我還來
不及思考，就和一個陌生人談起話來了。這個人看似
是個普通的學者，身材矮胖，穿著灰色軍裝大衣。

他突然就稱呼我的名字，說「你願意幫助我們嗎？
」當我察覺到這個灰軍裝先生說的「幫助」是什麼
意思，我馬上就拒絕了。但不知怎的，他促使我重
新考慮了。他不詔媚，不威脅，也不試圖操縱人心。
關於工作內容，他說可以讓我的主修專長學以致用。
「我們需要優秀的心理學家，」他這麼說。最重要的
是，我將受雇於反情報組織。抓出間諜對我來說似
乎是很有意義的工作。比日復一日做同樣的實驗、同
樣的報告、在系主任辦公室做同樣的文書工作來得
有意義多了。最後我答應他會考慮，灰軍裝先生說會
跟我保持聯絡。

離開的時候，他要我別把這段對話洩漏給任何人。
別留下任何關於他的紀錄。但我沒聽他的話。我想
我骨子裡其實有間諜的潛力，畢竟這個日記寫了十年
都沒人發現。

注意力的戲法

　　有工作能力的人都懂得控制注意力。但控制他人的注意力又另有他法。到頭來，控制一個人的注意力就等於控制了這個人。

　　注意力就好比黑暗中的聚光燈：我們只會看到被照亮的那一小部分。只要轉移談話對象的注意力，就能呈現或隱藏我們選擇的事物。魔術戲法和特技都奠基於轉移觀眾的焦點，魔術師會使用動作、鮮豔的彩帶、手帕、火焰和爆炸來分散觀眾的注意力。

　　情報員的工作時常受到其他反情報單位的監視，他們的應對技巧也大同小異。面對盤查時，情報員可能假裝不經意地請警員幫忙拿著一包紙巾。警員徹底搜查她的袋子都找不到可疑物品，然而她攜帶的秘密文件就夾在紙巾裡。

　　還有一個好方法就是延長動作時間，把任務分成幾個看似無害的動作進行。例如說，想要偷取某樣物品，可以在它前面停下，打開包包，拿出一雙手套，弄掉其中一個，彎下身撿起，再弄掉一條手帕，拿起目標物和手套離開現場，留下那條手帕。監視者會注意到你弄掉又撿起某樣東西，但是他的注意力會被導向遺留的那條手帕，那串笨拙的動作則不會引起注意。沒有人會發現你掉了幾樣或是撿了哪幾樣東西。

　　另一個「延長」系列的例子，是在咖啡廳交付文件給別人而不被發現。來到咖啡廳後，從公事包拿出筆記本。然後隨意談話，打開筆記本，寫點筆記，把本子放在旁邊繼續談話。接著起身，把手套放在桌上，穿上大衣，拿起手套離開。你的筆記本就這樣放在桌上，同伴喝完咖啡就會把它帶走離開。

與國家安全單位簽署之機密合約

本人安德雷‧尼可萊維奇‧西蒙諾夫出於自身意志，同意與國家
安全單位合作。我將盡心力完成受指派的行動任務，不對外透漏
此工作以保持機密，不洩漏工作中取得之任何情資。

安德雷‧尼可萊維奇‧西蒙諾夫
1954年12月19日

1954年12月20日

莫斯科

賦予安德雷‧尼可萊維奇‧西蒙諾夫（出生日：1930）探員代號西莫
尼德斯（Simonides）。該探員已錄取進入進階情報課程訓練。

第二分局第九支副支長

中校 伊里因

工作記憶容量

　　除了感官、短期與長期記憶之外，記憶還有一個獨立類別：工作記憶，儲存資料為當下處理之用。工作記憶的特出之處在於，所有儲存的內容在轉換至下個工作任務時就被清除。

　　近期有許多研究成果證明工作記憶與智力的關聯。很明顯地，一個人的工作記憶中能儲存越多資料，此人辨識關聯性與創造新知識的能力越強，而這些都包含在智力商數（IQ）測驗的評分標準。而且工作記憶容量亦和注意力有關聯。工作記憶容量越高的人，注意力能同時掌握的事物也越多。

　　值得注意的是，一般人平均工作記憶容量亦為5到9之間。工作記憶容量小於此範圍的人，越難掌控自己的注意力和行為。

　　以下是找出自己工作記憶容量的方法：把下表的數字逐一記起，寫在紙上。不要把數字歸為兩兩一組或三個一組來記，例如說「1234」就用個位數1、2、3、4來記，不要記十二、三十四。背完整張表之後，數數看你寫下的數字中正確的有幾個。這就是你的工作記憶容量。

850	708243	8203947529
834	0972435	3982775235
4399	8931432	06016554392
9543	43249034	61085082684
82140	24349328	010178844818
38587	905298713	768582301939
932435	378072043	

★腦力訓練：配對（4×3）

　　拿一副撲克牌，挑兩個花色中連續6個數字的牌，例如紅心A23456和梅花A23456。洗牌之後，把牌面朝下排成4列3行。

　　用碼表開始計時。

　　一次翻開兩張牌。如果數字相同，就能翻開放著，沒有對中就翻回去。目標就是在最短時間內翻開所有的牌。

　　只要你記住每張翻過的牌，就可以很快完成。用想像畫面重現翻過的牌面數字，在找到數字相同的牌之前，盡可能不要重複翻開翻過的牌。

　　這個練習可以訓練工作記憶與注意力、加速認知過程。學會相信直覺並加強工作記憶力，從此所有物品就過目不忘。

1955年1月21日

我的生活很怪異。白天我在系主任辦公室工作，晚上
在KGB學校念書。

這比我想像的還難。下課之後我的腦袋嗡嗡作響，感
覺要炸開了。有的練習（一直重複！）讓我眼睛痛到流
眼淚……但是效果不言而喻！我雖然不笨，但也不是
絕頂聰明。我以前會注意到自己有興趣或習慣關注的
事物，卻忽略其他的。我常常忘東忘西，一講話就講
不停，和認識的人擦肩而過卻沒認出來。現在我注
意到更多事物、記性更好了。這些練習讓我更快、更擅
長讀懂人心，能評估和預測情況。我不再忘記日常庶
務，幾乎不用再翻電話簿，而且一心二用的時候，比
以前一次只做一件事做得還更好。更不用說發現新事
物和它們有趣之處有多美妙……

我們最特別的科目是間諜工作。授課老師是一些五十
幾、六十幾歲的「老手」。我聽說大戰期間他們很多
都曾長時間在德國臥底，但沒人知道確切的地點。
他們教我們怎麼和各式各樣的人：火車站務員、公司
執行長等等人開啟話題。他們還教怎麼製作密碼和
解碼、監視、破解別人的招數、在陌生的城市找到
路、製作隱形墨水、拍照和製作短影片等等，多不勝
數。

他們的訓練目標是讓我們能夠注意並記下眾多細
節。例如他們會帶我們到街上晃一小時，然後問我
們麵包店上面的招牌是什麼顏色、書店門口的公告寫
了什麼：是「午休之後營業」或「裝潢中暫停營業」。
我還回去再看一次，原來只寫了「休息中」，用紅字寫
在灰紙板上。

鍛鍊全面注意力

注意力集中在一樣事物時，很容易忽略其他重要的東西。因此有一項技巧對探員來說特別重要，就是全面注意力（unfocused observation）。探員必須觀察整體而非專注於特定細節。讓我們沿用之前注意力與聚光燈的比喻，全面注意力就如同日光漫射。為了不漏掉任何細節，必須同時將注意力集中在觀察對象，同時又分散到周圍所有事物。

練習

試著隨意看著某樣東西，不用設定什麼目標。例如，當你坐在咖啡廳裡等人時，注意周遭，但不專注於特定事物。如果看到有趣的事就記著，但是別因此縮小視野，然後繼續觀察觀察周遭的一切。不評斷、不讚美、不批判，不帶個人情感去觀察，彷彿隔著一道厚厚的玻璃看著周遭的一切。

★腦力訓練：火柴（初級）

　　這個練習已有長達半世紀的歷史，用來訓練戰鬥飛行員與探員的視覺記憶。

　　下方照片中，幾根火柴散落在桌上。花4秒鐘記下它們的位置。在桌子上重現這頁中的火柴排列方式。

　　土法煉鋼就是最好的訓練。如果你記得住火柴的位置，就記得住地圖、畫得出只看過一眼的東西、用精確語言描述事物、或是注意到自己被人跟蹤。

　　如果你對這個練習有興趣，可以隨身攜帶幾根火柴，上課或開會無聊時拿來練習。先隨機擺放火柴，再用手帕蓋住，試著在另一張桌子上重現。訓練成果很快就會見效！

1955年2月2日

昨天和Z去衝擊力戲院看了《安娜的選擇》。我們看電影的觀點不同,真好笑。Z在安娜結婚、被那個普通男子(她想不起角色的全名)取笑的段落看到哭,而拉里奧諾娃演的女主角被一連串的舞會、豪華的招待、疾駛的馬車迷得團團轉時,Z看得氣喘心跳目不轉睛,下巴都要掉下來了。她超愛這部片。

於此同時,我呢,除了這些,還認得電影場景中莫斯科大部分的街道和室內裝潢,記住所有工作人員名單、角色的服裝飾品、配樂、出槌、和1小時20分鐘裡出現的所有臨時演員的臉。

我受的所有訓練在此見效。我們被訓練不能只專注於一件事,在觀察時必須全面注意所有事物。之前這對我來說很難。這次可能因為Z在場,反而凸顯我的能力。一切突然上了軌道,現在我對自己的觀察能力難以自拔。

對了,我們看完電影沿著河走回家的路上被人監視了。我猜他們還在測試我吧。我們想進到地鐵站甩開跟蹤。被跟蹤看到跟女生走在一起有點難為情。

Z當然很迷人,但我不覺得我們能順利交往。

★腦力訓練：字卡配對（5×4）

　　這個練習和前一個翻牌數字配對很像，只是把數字牌換成字卡。隨意從兩套牌卡中選10個字母，洗牌之後蓋上，排成5列4行。接著嘗試配對。記錄時間，看看自己有沒有進步。

自我測驗

西蒙諾夫在莫斯科大學就讀哪一個系所？

A) 心理學系

B) 哲學系

C) 物理學系

D) 生物學系

第1章

秘密情報探員

秘密情報探員（CHIS，Covert Human Intelligence Source）的任務，是為情報組織蒐集目標對象的個人資料，找出姓名、電話、交友關係、職業、職位、生活方式與嗜好等。而後這些資料將歸檔成目標的「個人檔案」。

通常秘密情報探員會選拔自有機會接觸他人個資的人之中，諸如政府官員或公務人員、醫生、人資專員等。也有些人不引人注目，卻能天天從關鍵人物身上發掘重要資訊。因為他們可能有機會接觸你的辦公桌，或是……垃圾。注意看你家大樓的警衛或是辦公室清潔阿姨。他們可能比你想的還了解你。

許多探員都從擔任CHIS開始職業生涯。這不只是一份工作，亦是訓練，更是一場能力的考驗。

記憶與想像

　　在演化過程中，圖像的認知與記憶比起言語的理解與記憶發展，來得早與成熟許多。原因很簡單：對我們的祖先而言，蜷伏在草叢中的野獸，比會罵髒話的鄰居危險多了。因此相較於言語資訊，大腦認知會優先處理圖像，尤其是明亮鮮豔且會移動的圖像。

　　那這件事跟訓練記憶力有什麼關係？我們要試著把想記住的事物化為圖像。想像與實際所見對大腦來說其實沒什麼區別。圖像比語言容易記憶，尤其當你的想像生動又詳細時更是如此。

　　舉個例子。你的朋友向你解釋怎麼去他家，然後講了一串街道名、門牌號碼。這樣你記住了嗎？接著朋友又告訴你那棟房子一樓是寵物店。這樣好記多了！想像一下朋友站在寵物店櫃臺後面把3隻金魚賣給3隻貓。門牌號碼就是33。這當然不是真的，劇情很荒謬，但正因它鮮明、生動又怪異，所以才好記。

練習

　　看著書桌上的物品。注意觀察其中每一樣。位置各在哪裡？如何排列？每樣物品有什麼特徵？有什麼色彩、紋路、磨損、刮痕？

　　現在閉上眼睛。首先，想像那張書桌，接著開始一樣樣在腦海重現。仔細想像它們的細節。如果做不到，就張開眼睛一下，

再看一次剛剛想不起來的物品，再次閉上眼嘗試想像。

　　這個練習除了用在桌上的東西，還能用在一整間房間、窗外風景、甚至是旅途車上坐在你對面的人。

★腦力訓練：骰子（初級）

　　有種很適合記憶力訓練的道具，就是各種不同顏色的骰子，價錢很便宜，直接從桌遊裡拿來用也行。

　　這個骰子練習的目的是訓練視覺記憶與想像力。第一階段練習中，我們使用兩種不同顏色的骰子。把骰子骰到桌上，用15秒的時間觀察，記下顏色與數字之後把骰子蓋住或是別過頭不看。憑記憶寫下兩顆骰子的顏色與數字。

　　像拍照一樣，為桌上骰子拍攝一張心理圖像（mental photograph）來幫助記憶，更容易完成此練習。

過目不忘的男人

所有心理學課本都記載了擁有驚世才能的男人所羅門‧維尼亞米諾維奇‧舍雷舍夫斯基（Solomon Shereshevsky）的故事。蘇聯心理學家魯利亞有幸研究此人的記憶能力，自1920至1940年代，長達三十年。

魯利亞書中個案代號S的舍雷舍夫斯基可以記住無限多的資訊。他的記憶容量似乎無窮無盡。他能回想起任何事物：圖片、概念、一般字詞或無意義的字母組合，這些資訊於他就如書本內容擺在眼前。而且研究顯示，一旦他記下的資訊，就永遠不會從記憶中消失。他能輕鬆回想起10或15年前的實驗中隨機出現的數字。

因為他的記憶無法量化，於是魯利亞嘗試描述這個記憶與重現資訊的運作機制。

他的發現如下：

1. 舍雷舍夫斯基會將資訊轉換為圖像儲存。例如，數字1是位高傲、體格結實的男子，數字6是腳腫起來的男人，數字8是又矮又胖的女人。他這種轉換資訊為圖像的能力是與生俱來的。舍雷舍夫斯基甚至記得剛出生幾個月時所見所聞。

2. 舍雷舍夫斯基有極強的聯覺，亦即不同感官彼此纏繞。擁有聯覺的人能清楚辨認出每個字母的顏色，感受到聲音的觸感粗細，嚐到形狀的味道。在舍雷舍夫斯基的聯覺認知中，除了味覺之外，各個感官都相互連結。而其他四種感官都在他腦中創造無比鮮明的形象。

3. 要記下數字的順序或一長串清單時，舍雷舍夫斯基會在腦海中邊走過家鄉的一條街道邊建立圖像。有時候他會「弄丟」清單上的東西，像是當心理圖像設在黑暗的場景中或是物品融入背景時就會發生。他有時也會在想像中放這些畫面自己去冒險闖蕩，延伸出特殊而難忘的故事。

魯利亞筆下描寫的舍雷舍夫斯基之記憶力特性，亦為現代記憶術所採用。

練習

在閱讀一本書時暫緩一下，試著在腦海中想像作者描述的一切：人的面貌、外表、物品、室內裝潢、風景等等。一方面能擴展你的想像力，一方面能更深刻享受並記住一本好書的內容。

1955年2月9日

一開始他們教我們控制注意力。內容好多。後來我終於做到了。然後是同時專注於一件事與所有事。我的腦中充滿名字、數字和圖像。現在他們在教怎麼運用腦中的這一切：整理你需要的，拿掉你不需要的。

這感覺彷彿重新開始上學一樣！喔，或是更像小嬰兒學走路。

希望春天趕快來。不知道這個課程有沒有寒暑假。

1955年3月3日
莫斯科

案件編號 #283
機密文件遺失案件調查

1955年3月2日，莫斯科警察第32分局接獲報案，蘇聯科學院檔案室員工西蒙・亞科夫列維奇・伯恩斯坦（出生年：1897）失蹤。伯恩斯坦自2月21日起皆未至檔案室出勤，然其過去有多次因病缺勤紀錄，且住處無電話，故一週後才被發現失蹤。同僚於2月28日及3月1日試圖拜訪其住處，皆無人回應。

於3月2日報案失蹤後，在當地警官瓦西列夫監看下，進入伯恩斯坦之住處（高爾基街22號，15號房），屋內已淨空。初步調查顯示伯恩斯坦先生並未遺留任何私人物品。屋內無打鬥跡象。

同日，莫斯科境內所有進入醫院、急診室、停屍間者皆經盤查，無人符合其特徵。

伯恩斯坦受雇於檔案室，負責國家機密文件存檔工作，查閱其所轄文件目錄後發現部分標記有「最高機密」文件遺失。遺失文件清單如附件。尚未呈報公布此清單。

第二分局第九支
行動任務主管
少校 米洛斯拉夫斯基

1955年3月3日　　　　　　　　　　　　　　　　機密
莫斯科

蘇聯科學院檔案室
遺失之機密資料文件清單
參考資料

遺失之文件於1945年從RSHA檔案室取得。文件原屬RSHA第三
局（科學事務）所有，第三局當時由集團領袖恩斯特・圖洛斯
基領導。

文件內容含德國心理學家及醫師對暗示洗腦（即催眠術）控制
群眾技術之理論研究與實驗結果。這類研究大多由德國心理學
與心理治療研究所，即戈林研究所進行。大戰期間，該研究所
由陸軍元帥赫爾曼・威廉・戈林之表兄弟馬提亞斯・海恩利
西・戈林主持。當時以該所助理所長約翰・海恩利西・舒爾茲
之研究最受矚目。舒爾茲亦創立了一套廣為人知的自我催眠式
自律訓練法。此訓練法在健康受試者及心理疾患者身上皆被證
實有長期效果及安全性。

舒爾茲之著作於德國公開出版。然其有眾多著作，包括與研究
所人員共同進行之研究，因具軍事價值故列為機密。我方極不
樂見該資料落入可能侵害蘇聯之人士或組織手中。

自我測驗

西蒙洛夫帶Z去看了哪一部電影？

A) 搜索者

B) 安娜的選擇

C) 梟巢喋血戰

D) 北西北

★腦力訓練：桌上物品（初級）

記住物品、人物、街道與房屋的位置，對一般人而言是無聊瑣事，卻是情報探員的重要工作。

這個練習常用於訓練並測試情報學校年輕學子的記憶力。記住物品位置對資深情報員來說也是很好用的能力，用來判斷屋主不在時是否有人進入屋內。

從家中或身邊找一些物品放在桌上，拍下照片。記住物品的位置。閉上眼睛，請朋友或家人把桌上所有物品移到桌子下，然後試著把物品擺回原本的位置，最後比對照片來確認。

這個練習需要透過對桌上物品產生心理圖像。看到淨空的桌子時，在腦海中叫出這張圖像，然後開始排列物品。

在排列物品之前，你必須想像整張桌子的樣貌。有些人能立刻做到，有些人需要仰賴特殊技巧。有一個技巧是在腦海中將桌子傾斜。物品會因此滑向某一側。那麼物品掉落的順序為何？掉到哪裡？哪些東西會破掉？破裂時是什麼樣子？東西全掉滿地之後，地板看起來是什麼樣子？

這個練習每天都可以做。看一下別人的辦公桌，然後轉過頭，回想桌上物品的位置。在公車或捷運、火車上，仔細觀察坐在對面的人。閉上眼睛在腦海中重現那幅畫面。或是看看書櫃，別過頭，試著回想書本擺放的順序。

想像力大升級

　　想像力可能是大腦最具創造力的功能了。藉由想像力，我們不但能重現曾經看過的事物，還能描繪全新的畫面。除此之外，我們也能在腦海中改變物品的大小、移動物品、轉動物品、加入新的元素以及移除舊的元素。拜想像力之賜，人們才能創造新事物：發明家發明事物、導演創作電影、作家撰寫書籍、畫家繪出畫作。

　　創造性想像力也用於眾多記憶術中。如前面所述，圖像比文字容易記住。為了記住閱讀過的內容，就需要用想像力重新描繪。

練習

　　用半小時的時間，矇住眼睛在家裡遊走。試試看能不能閉著眼睛洗臉、穿衣服，甚至做早餐。放點音樂，在你最愛的椅子上坐坐。

練習

　　想像一張你在學校或家裡看過的黑板或白板。想像它的質地、顏色、外框、它掛在牆上的樣子。它也許是粉筆用的，黑色霧面而粗糙；也許是麥克筆用的，白而光滑。現在，想像它的顏色改變，變成棕色，變成橘色，變成藍色。感受每種色彩。盡力想像出你最想要的那種色彩。

　　當你熟悉了如何變換虛擬黑板的顏色，就能開始在上面寫字。仔細看著它。字體是什麼樣子？字是什麼顏色？字跡是什麼風格？接著用布或板擦擦掉，寫上新的字。再花點時間感受這塊虛擬黑板和上面的字跡。

　　你可以時常做這個練習，漸漸增加字數。寫些句子、數字或清單。畫張圖表。把內容想像得越清晰越好。

　　這個技巧對情報探員來說非常受用。思考遇到瓶頸時，硬是重覆去想，常常落得身心俱疲。要快速停下無效的思考循環，可以想像你的問題被寫在虛擬黑板上，然後擦掉它。如果問題又跳出來了呢？擦掉！又來了？擦掉！通常失敗個兩三次之後，大腦就會轉移到別的主題上。

自我測驗

為何伯恩斯坦失蹤案由反情報組織調查，而非警方？

A) 伯恩斯坦是政府高官

B) 伯恩斯坦負責管理遺失的機密文件

C) 伯恩斯坦是KGB探員

D) 警方無法找到伯恩斯坦

練習

　　這個練習適用於訓練想像力及視覺記憶。

　　只要你身邊有不要的報紙，上面有縱橫填字遊戲，都能做這個練習。

　　在填字遊戲的四個角落，分別畫上內含四宮格的正方形。然後專心記下填黑與未填黑格子的排列出的圖形。4到5秒之後，把報紙翻到背面，畫下剛才的黑白格圖形。如果你使用心理圖像技巧「拍攝」這些矩陣圖形，依照它填空，這個練習就會變得比較簡單。如果你還無法立刻使用心理圖像技巧，就用幾何圖形將黑格子排列組合。

　　再說一次，空間推理能力甚為重要。情報工作中，有許多假設、理論、事件狀況非常複雜。如果擁有將這些資料化為圖表並運用自如的能力，就能將複雜任務的相關資料完善且適當地組織起來。

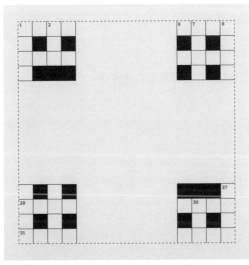

1955年3月4日　　　　　　　　　　　　　　　　　　機密
莫斯科

案件編號 #283
機密文件遺失案件調查

此調查將移交第二分局行動任務主管少校米洛斯拉夫斯基處理。

搜查方針定為：伯恩斯坦竊走機密文件潛逃。故需查明以下事實：

1. 伯恩斯坦目前所在地。

2. 嫌疑犯可能之動機。

3. 盜竊發生過程。

必須確認文件遭竊原因。若伯恩斯坦有意向第三方提供文件內容，只須複製即可，無須偷竊或引起注意。

指派探員西莫尼德斯評估文件價值並調查伯恩斯坦之交友狀況。

依兩大方向循線搜查。一為該檔案學家私人與公務人際狀況，二為判斷何方人士有意取得該失竊文件。文件內容具軍事價值，故資本主義國家陣營之情報組織可能涉案。

在全蘇聯地區對伯恩斯坦發布通緝令。

第二分局副局長
上校　魯欽

1955年3月5日

昨晚沒睡。半夜接到電話去辦公室，接下第一個任務。有個叫伯恩斯坦的58歲男人失蹤。我在系上看過他幾次。全系的老師似乎都認識他。

我軍1945年在德國取得的秘密文件從檔案室遺失了。負責保管的就是伯恩斯坦。我想文件遺失案和失蹤案有關聯，而原因有待釐清。我的任務是蒐集伯恩斯坦的個資，他的人際狀況，平常在哪裡出沒，和誰關係密切，有沒有親近的友人。我要把調查結果報告給上級。他說伯恩斯坦可能偷走文件後潛逃。或者是他因為職務能取得文件的關係遭到殺害或綁架。我比較希望是第二種解釋。我不敢相信他會做壞事。他看起來是個無害的人。

我想知道文件裡寫了些什麼。我很好奇。我一定要查個水落石出。

★腦力訓練：骰子（第二級）

加進更多不同顏色的骰子。只能看10秒鐘。

練習

找個舒服的姿勢，閉上眼睛，回想一個你常去的地方。可以是你最喜歡的咖啡店、一間辦公室或是一座音樂廳。回想所有室內裝潢的細節。回想牆壁、地板、天花板。家具是如何擺設的？桌上和架子上有什麼東西？想像自己正坐在平常的位置上。你看到些什麼？試著從不同的角度觀看同一個地方，例如坐在另一張椅子上、站在桌上、或是躺在地板上。現在你看到些什麼？

1955年3月10日
莫斯科

任務檔案
西蒙‧亞科夫列維奇‧伯恩斯坦

西蒙‧亞科夫列維奇‧伯恩斯坦，1897年生於特維爾。

父：亞科夫‧伯列索維奇‧伯恩斯坦，出生年：1867，裁縫師，逝世
年：1919。
母：娜塔莉亞‧妮基佛洛夫娜‧伯恩斯坦（舊名：愛列米娜），出生
年：1871，逝世年：1925。

畢業於特維爾一間高級中學。

1918年與索斯諾娃結婚。1921年索斯諾娃為了別的對象和他離婚。育有
一子亞科夫，於1920出生，雙親離婚後與父親同住。

於1925年錄取莫斯科大學哲學系。1931年畢業。就學時曾參與魯利亞與
里翁提耶夫主導的實驗團隊。曾擔任「情緒變化受言語刺激影響實驗」
之受試者。畢業後留在莫斯科大學任教。著手撰寫兒童心理學領域論文。

1936年，被共產主義布爾什維克中央委員會裁定，於人民教育委員會系
統內進行不當教育。遭莫斯科大學解雇。離職後，他兼職多份工作，後
來受雇於蘇聯科學院檔案室。

1941年，他被派至前線，服務於步兵隊。經歷大小戰役。能說流利德
語，故經常受派遣與被俘德軍共同工作。1945年7月恢復原職。

其子亞科夫於1943年戰死。伯恩斯坦先生的社交圈僅限於公務與同領域
學者。無密友。

完畢。

西莫尼德斯

1955年3月11日

今天我與上級秘密會面。我要直接進行機密文件案
的調查。我在午休時間，到果戈爾大道的長椅上和
他見面。他跟我說之後的聯繫方法。如果我有調
查結果要報告，就在禮拜二或禮拜五到廣場上的
這張長椅來。因為有被跟蹤的可能性，所以我不能
直接去KGB總部。雖然被注意感覺不壞，但也沒必
要。

會面很有趣。長椅下面有座池塘，我們都坐在長椅
上，一邊不讓腳弄濕，一邊假裝彼此不認識。

我跟他說了所有關於伯恩斯坦的調查結果。最後搞
得大費周章。老闆他只要有疑問就會問，然後我就
得回去調查，他自己繼續坐在長椅上。

★腦力訓練：填字遊戲（5×5）

　　現在在填字遊戲上畫五宮格正方形。記下填黑格子的位置，用幾何圖形的方式重現，這樣當這系列練習中的矩陣越來越大時才更好應付。

　　如果你已經能輕鬆應付這個練習，也請繼續下去，鞏固這個技巧。

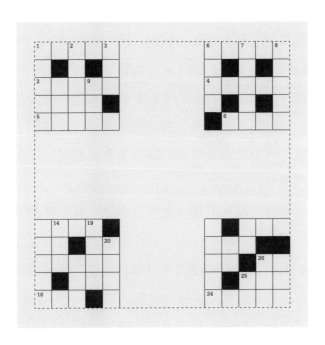

喚回失落的記憶

在某些狀況下，情報探員需要和意外目擊事件的一般民眾接觸。人們可能因事件受到太大衝擊，導致剩下零星細節記憶，遺忘其他部分。例如遭持武器者攻擊時，人們可能只記得那個瞄準他們的武器，卻連攻擊者的長相都想不起來。這時情報探員的目標就是幫助目擊者回想他們所見所聞。最有效的方法就是幫助目擊者想像回到當時經歷的場景：

和線人在舒適的場所碰面。讓對方放鬆之後請他們閉上眼睛。問問題幫助他們在想像中回到當時的情形。

線人能回憶越多細節越好。從最基本的事實開始。事發地點在哪裡？在什麼情況下發生的？地點看起來是什麼樣子？照明如何？溫度是冷是熱？風大嗎？聽得到什麼聲音或噪音？聞到什麼味道？味道從哪裡傳來？事件何時發生？事發前有何事件？對方為何會去那裡？

重建事發情況後，再慢慢進行到事件本身。發生了什麼？目擊者怎麼反應？他們感覺如何、有什麼想法？然後還發生了什麼？你會漸漸得到想要的資訊。目擊者現在已在沉浸於當時的場景，能夠再次聽見、看見需要回憶起的細節。

要使這個技巧發揮作用，重點在於使目擊者專注於回想重建當時的感受與體驗，而非外在事件。記住視覺、聽覺、嗅覺、觸覺和味覺五種感官都要用到。

有時你自己也會遇到需要回想重要事件的場合，而你可以採

取如上述的行動,回到當時的場景,回想當時所有的感覺和情緒。

　　另外,用重建的方式做情境回想,不只限於想像。可以的話,直接回去一趟事發地點當然好,如果能在一天之中同一時刻會更好,然後在那裡試著回想。

練習

　　平常在家有任何狀況都可以做這個練習,像是火車模型組掉了一個零件之類的。時間回溯到你最後一次拿著它的時刻。當時你在做什麼?拿著它要做什麼用途?家裡有人嗎?你在和誰說話嗎?在那之前發生了什麼?心情如何?你可能在趕時間,還是覺得無聊?當時你在想些什麼?用完它之後發生了什麼事?你拿著它去了哪裡?

　　檢查看看你使用它的地點,以及後來拿著它經過的地方。如果成功重建當時情境,就能更快找到失物,比起把家裡屋頂都掀了亂找一通還快多了。

　　如果有人掉了東西,就和他們一起做這個練習。找到的話就為自己喝采吧!你幫忙增進別人的回憶功力了呢!

★腦力訓練:配對(4×4)

　　持續訓練自己的工作記憶。從每副牌裡再各拿兩對,組成4行4列。

場景與記憶

　　記憶總離不開其形成的場景。比起在辦公室裡苦思，不如回到生活多年的教室裡，更容易回想起在學校時的種種。場景、感受、聲音和味道都能成為從記憶汲取過往的好幫手。

　　這不只是有趣的冷知識。你曾有過在考試中想不起正確答案，結果回家就立刻想起來的經驗嗎？此現象的其中一個原因是記憶未能正確地組織。如果學生準備考試時穿著睡衣躺在床上喝熱巧克力，那麼應試的最佳方法就是穿著睡衣躺在床上喝熱巧克力。不過這顯然不可能發生，所以準備考試時最好還是坐在書桌前專心念書。

　　學習時的情境，要與需叫出資訊的情境相符。準備所有任務時都要記得這一點。

練習

　　回憶最近的生活，能有效訓練情節式記憶，即對事件的記憶。今天發生了什麼？起床時發生了什麼？心情如何？做了什麼樣的夢？

　　試著回想自己去了哪些地方？做了什麼事？和誰見了面？他們穿了什麼？你們聊了什麼？跟他們談話感覺如何？打了電話給誰？為什麼？你吃了什麼？聽到些什麼？一天總共花了多少錢？

　　之後改變回憶的順序，例如今天練習從早上到晚上按時間順序回憶，隔天就反過來。一開始記一天，再增加成兩天、三天，或是整週。如果天天練習，就能精確地記住自己在任何時段（數小時內）經歷的事。這在偵查工作中是很珍貴的技巧。

自我測驗

該機密文件遺失調查需查明的事實有哪些？（可複選）

A) 伯恩斯坦目前所在地

B) 失竊文件的內容

C) 伯恩斯坦可能的動機

D) 竊盜發生時的詳細情形

E) 文件目前所在位置

第 2 章

案件承辦人

招募探員

　　招募新探員是極為嚴肅的事。招募實行過程經事前詳細規劃，探員候選人的個人狀況、交際情形與接觸有價值資訊的潛力，都將列為評估的因素。候選人的個人特質與工作適性也會受調查評估。

　　依不同情況，探員可能會被約聘一小段時間，長度視各任務不同而定。他們可能漸漸深入各階段任務或是一次接下一件龐大任務。有時，探員會受雇參與「假旗行動（false flag）」，真正的雇主藏身於幕後。因此一位有野心的年輕人可能就會被己方假冒敵方情報單位名義雇用。

　　每位探員同意受雇的動機皆不同。有人為了錢，有人為了更高的職位，或是單純為了理想。有時則是被威脅而不得不從。

　　探員招募內容述於機密合約中，沒有法律效力，但對探員有道德約束力，可做為揭露證據使用。有時探員不簽機密合約，而選擇簽一份金錢交易合約。招募程序完成後，探員被授予化名，以此化名出現於所有情報文件中。此保密措施可以防止洩漏任務中資訊的來源。

　　招募行動由案件承辦人（case officer）負責。案件承辦人具備正確分析情況、了解人類心理並敏銳洞察人心的能力。他們總是懂得如何說服及鼓舞別人。他將負責與候選的探員接觸，增強他們的自信，協調工作條件，及確保他們有合作意願。

記憶術 3 大原則

記憶術是幫助你增強記憶力，記住各種事實與大量資訊的技術。

記憶術種類很多，不過都能歸納成三個大原則：

1. 使用聯想

聯想是心智的基本功能。大腦是一具為建立不同意象、概念間的連結量身打造的機器。記憶包含一長串複雜的聯想鏈。當你想到聖誕節，腦海就會立刻浮現聖誕樹、報佳音與禮物。當一個人想起兒時的聖誕樹，那些關於聖誕老人、禮物、掛起聖誕襪的回憶就湧現。個性較實際的人可能會想起買禮物花了多少錢。信仰基督教的人可能會想起耶穌誕生的福音故事。

你已經知道強大記憶力的秘訣不在如何「記得」，在於「提取」記憶。和已知事物有關聯的事物更容易記憶。使用聯想鏈，能讓你在需要時輕鬆回想起資訊。

因此，記憶術的第一大原則就是：把想記住的事物和熟悉的事物建立連結，就能在需要時輕鬆想起。

2. 將資訊轉換為畫面

現在你已經知道想像對記憶很有幫助。畫面比起文字和數字更容易記住。記憶術的第二個大原則就是：將需要記住的資訊轉換為畫面。

記憶術的第一與第二原則可搭配使用。像是把和別人秘密交件處的密碼設為與行李自動鎖密碼相同：例如855411。也許多年之後，這個密碼會再次派上用場。

把數字想像成圖片（原則二：將資訊轉換為畫面），並將圖像聯結在一起（原則一：使用聯想）。數字8看起來像個胖嘟嘟的女人，數字5是有座墊的單輪車，數字4是椅子，1是掃把。一個女人（8）騎著兩輛單輪車（55）。因為她太重了，一輛載不動。她用一張椅子（4）和兩輛單輪車綁在一起固定，自己坐在椅子上。但這樣子單輪車太難保持平衡，所以呢，她有如走鋼索特技者，拿著兩隻掃把（11）維持姿勢。至於她要去哪裡呢？當然是去車站找行李置物櫃囉。這幅生動的畫面將讓這個密碼成為難以抹滅的記憶。

有個小建議：如果有視覺以外的元素會更好。加進聲音、觸感、氣味和味道，能幫助你記得更清楚。就像前述擁有聯覺的舍雷舍夫斯基一樣。如果你要想像一棵樹，就盡量清楚描繪出細節：這棵樹的樹冠枝葉茂密、葉子鮮嫩，充滿新鮮樹汁的味道；黏答答又有苦味的樹脂，在溫熱粗糙的樹皮上，一滴滴閃著光。

3. 加入主觀情緒

人們總喜歡省力，不會做額外的工作。而大腦會依照情境引起的情緒強度，排定處理的優先順序。例如，當眼前出現了獵食者，這意味著直接的威脅並引發恐懼，不是選擇戰鬥就是逃跑。極度口渴造成不適會迫使我們尋覓水源。腐敗食物的氣味則造成

噁心感，防止我們因食用而中毒。與強烈情緒連結的事件，會讓我們學習避開獵食者的路徑、記住通往水源的路、以及避開腐壞食物。

　　情緒會活化記憶。如果請一般人回想幾年前發生的事，他們記得的可能都是人生重大事件：孩子出生、遇見或與另一半分開、搬家、換工作、或是精彩的旅行。這些事件的發生都引發了強烈情緒，才會如此令人難忘。原則上，其他事件都會被歸類為不值一提的日常，從記憶中消除。換句話說，你只會記得需要記得的、真正在乎的。

　　記憶術的第三個大原則即為：針對資訊記憶加上主觀情緒。你還記得前述第二原則中的置物櫃密碼對嗎？箇中原因是什麼呢？一部分原因是，你對這個「一個女的騎著兩輛綁著椅子的單輪車、手上還拿兩根掃把保持平衡」的荒謬畫面感到驚訝或困惑。接下來學習記憶術時，別因其荒謬之處而退卻了。荒謬的好處是能引起情緒反應，讓你確切記憶並快速回想。

筆記欄

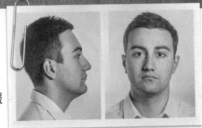

CONFIDENTIAL

探員匯報

回覆：案件編號 #283
1955年3月14日
來源：西莫尼德斯
收文者：少校 米洛斯拉夫斯基

關於伯恩斯坦之人際交往情形（錄音逐字稿）

他在檔案室工作，因此能接觸莫斯科大學重要的科學家。其中有許多人，例如里翁提耶夫、利亞、帕普洛夫都曾為演說、文章和論文內容向他請益。

於此同時，他的交際範圍僅限於工作上的關係。他沒有家庭，他的前妻在開戰前就離開他，兒子在列寧格勒前線戰死。他所有的人際關係都和心理學界有關。伯恩斯坦幾乎不和鄰居來往。沒有密友。唯一的例外是柯瓦列夫。

瓦西利・米開洛維奇・柯瓦列夫1930年出生於列寧格勒。他自莫斯科大學畢業，研究心理學，目前就讀研究所，撰寫與群眾心理相關的論文。

柯瓦列夫與伯恩斯坦關係密切。伯恩斯坦之於他近似於導師的角色，幫助他度過許多難關。這層關係不僅限於學術上。伯恩斯坦幫助柯瓦列夫得到就讀研究所時的住處。他們固定見面，一次見面好幾個小時，邊用茶邊談論各種話題。

柯瓦列夫與伯恩斯坦在前線戰死的兒子很像，這點可能是伯恩斯坦對柯瓦列夫有近似父親情感的原因。

註：錄音帶已消磁

任務：深入調查柯瓦列夫與伯恩斯坦之間的關係

行動：將柯瓦列夫列為監視對象（代號「詩人」）

#134

聯想

記憶時使用的各種聯想方式差異很大。

1. 用外表、功能、字音字形（或拼字）相似的事物聯想。
   舉例如下：
 - 數字8既像一個胖嘟嘟的女人，也像是從上方看一副眼鏡，或是數學上的無限記號。
 - 飛機能夠飛行，因此近似鳥、降落傘或風箏。
 - 「la bandera」這個字在西班牙文意為旗幟。它的拼字中含有英文的「band」（膠帶、帶狀物）。事實上中世紀的旗幟多是用帶子或一長段布料製成。
2. 對比：光與暗，鹹與甜，男與女。
3. 因果關係：積雲成雨，火燒生熱，香蕉皮可能害人跌倒。
4. 時空聯結：克里姆林宮在莫斯科、彼得大帝青銅騎士像在聖彼得堡、達文西是文藝復興時期人物。

歷史告訴我們聯想對於記憶的重要性。許多古代文獻，如史詩、傳奇、冒險故事、科學研究與醫藥處方，都以韻文形式寫成。韻律、押韻、聲義和諧（harmony）與反覆等修辭，是字與字之間的聯結，讓我們的祖先得以銘記這些偉大的作品。

練習

　　快速發掘並聯繫各種事物間的關係，是每種記憶術的核心。規律的練習就能增強這類技巧。試著把眼前的兩個不同物品聯結在一起。要如何聯結一個門把和一根迴紋針？它們的外表曲線相似嗎？還是把迴紋針熔化鑄成門把？或是乾脆把迴紋針別在門把上？

★腦力訓練：字詞配對 （初級）

學習建立字與字之間的聯結，在本書介紹的所有記憶術中都是很重要的技巧。因此要重視這個練習。

接下來你要記住下列幾組字詞配對。

在每對字詞之間建立聯結。挑選一些意象來記住這些聯結，然後闔上書本60秒。

時間到之後，背誦出每個詞和其配對詞。你記住幾個了呢？

西瓜／蝙蝠

直升機／洋裝

樹／電話

花朵／水窪

相機／紅蘿蔔

貨車／泰迪熊

磁鐵／畫筆

鑰匙／叉子

空心磚／椅子

審訊報告

1955年3月15日
莫斯科

根據後續跟監結果，我們判斷不適合於KGB總部審問柯瓦列夫。為獲取伯恩斯坦失蹤相關資訊，審訊將在柯瓦列夫於莫斯科大學之宿舍進行。柯瓦列夫並未被告知RSHA文件遺失一事。

審問過程中，柯瓦列夫表現緊張。回答問題時不甚配合，答案簡短。他否認與伯恩斯坦有交情，說他們的交流僅限於關於論文的簡短諮詢。他聲稱最後一次見到伯恩斯坦是很久之前，也許是數週，想不起確切時間。

並未搜查柯瓦列夫的房間，然其外觀與其他學生的宿舍房間明顯不同。昂貴的留聲機與為數眾多的唱片特別顯眼。當被問起這些物品的來歷，柯瓦列夫說是用父母在他大學畢業時給的資金，在二手商店購買的。

第二分局首席行動指揮官
少校 米洛斯拉夫斯基

★腦力訓練：字詞配對（第二級）

　　讓我們繼續增強聯想的技巧。下列字詞配對比之前更多也更奇怪，去吧！全部記下來！如果一時覺得太困難，試著先記一半。

指揮官／斑馬
魚缸／烹飪教學
剪刀／萊姆
網球拍／防曬乳
海綿／槌子
蘋果／叉骨
恐龍／花生醬
信用卡／巧克力
擀麵棍／螺絲起子
牙籤／茶壺
調味罐／劍
CD／一瓶汽水
牛排刀／蝴蝶領結
橡皮筋／松果
香水／雞尾酒杯

字詞清單

能記住長串的字詞是記憶力進步的里程碑。別的不說，你可以拿來炫耀！從頭到尾背出40個指定的詞，一定會讓朋友印象深刻。而且之後你就能記住一長串日常庶務，像是會議紀錄、演講稿大綱。

情報員只要能記下字詞清單，就能記下密碼、銘文、臺詞和聯絡資料。文字指涉事實，看似各自獨立的各種事件之間可能互相關聯。記憶字詞清單有兩個基本技巧：「故事記憶法」與「位置記憶法」。這兩種技巧我們都會學到，學會了就可以在不同情況下選用。不過建議你先選擇專注練習其中一種，另一種先淺嚐即可。可以自行選擇先學哪一種。

故事記憶法

故事記憶法意即編織一個故事來串起所有要記住的字詞。使用畫面、加進情緒，讓故事更飽滿。劇情很荒謬也沒有關係，而且越荒謬就越能深刻記在腦海。再教你一個祕訣：讓自己化身故事中的角色，會讓故事更具有個人意義，因而難以忘懷。

舉例來說，下列的清單：

油

桌子

計程車司機

咖啡

密碼

樹

陽臺

可以編成這樣的故事：

你身在一個港口城市中黑黑暗暗的旅店。大海在窗外轟隆作響，聽得見船鳴與碼頭工人的吆喝。窗邊有一個鏽鐵桶裝著味道刺鼻的熱油。桶子用一片圓木片蓋著。有人把它當桌子一樣坐在上面，那是一位身穿天鵝絨夾克的計程車司機，正喝著咖啡。他等會要開車，因此無法享用旅館必喝的經典：蘭姆酒。咖啡的苦味與熱油的味道混雜。那位計程車司機得去港口載客，結果乘客的名字卻被加密，他不知道密碼，所以無法出發。計程車司機煩悶地盯著那張看似印著一些胡言亂語的黃色紙條。然而就在此時你收到一封簡訊，告訴你解密關鍵就在旅店外的樹上。你驚訝地把簡訊拿給計程車司機看，一起跑出店門外。計程車司機想爬上樹，但是樹皮太光滑了，他一次又一次跌下來。於是他上旅店二樓，踏出去到陽臺，從那裡爬上樹，找到了裝著密碼的信封。

你能想像這則故事的畫面了嗎？現在背出這組字詞。接著試試看倒過來背。有成功嗎？

要注意的是我們在這則故事中把記憶術的三大原則都用上了。故事本身包含一系列的聯想。字詞與生動的畫面連結：生鏽發臭的鐵桶、軟軟的天鵝絨、苦澀的黑咖啡、黃色紙條等等。故

事中的角色有情緒：計程車司機很煩悶、你因意料之外的訊息而驚訝，而故事結局「皆大歡喜」。

練習

　　記下你生活之處的地理和交通環境。如果這座城市有地鐵，把路線圖記下來。每條地鐵線都是一串站名的清單。確認自己可以把某條路線的站名倒背如流。然後把每一條線都記下。

　　久了之後，光憑記憶就能在大眾運輸系統中來去自如。同理，你也能背下街道、公車站等等的順序。當你需要甩掉跟蹤或是編造一個故事時，就會派上用場。

★腦力訓練：字詞清單之故事記憶法（初級）

　　接下來要請你看下列字詞清單。把它記住，照順序背出來。

　　用故事記憶法來記住這串清單。記住字詞配對時所需的聯想能力會幫助你完成這個練習。在我們進行下一個挑戰前，用這個字詞清單讓自己掌握故事記憶法吧。

　　海盜船

　　狗

　　護目鏡

　　結婚戒指

　　拆信刀

　　橡實

CONFIDENTIAL

探員彙報

- -

回覆：案件編號 #283
1955年3月21日
來源：西莫尼德斯
收文者：少校 米洛斯拉夫斯基

- -

遺失文件價值評估

今日我向魯利亞教授就該遺失機密文件的研究價值請益。我以蒐集論文資料為由，向教授展示一些研究主題與來源和文件。

魯利亞研判這些文件有一定價值，但若要實際應用尚需大量修改。然而他評估這些研究在蘇聯前景不看好，因為蘇聯心理學界認為這幾類主題不符科學，且以暗示法控制群眾在道德上亦不被接受。不過根據教授的看法，這在資本主義國家就有可能實行，特別是用於軍事用途。

#156

1955年3月22日

昨天和魯利亞碰面。我想套他的話，了解他對那些遺失文件的看法。這次會面更讓我看到這份新工作對我的未來有何幫助。雖然他沒告訴我什麼重要的事，但是和有學識的人談話不到一小時就非常愉快。我之前上過他的課，但是跟私下一對一談話完全不一樣。現在回想起來，我當時就對他感到很佩服，我很少對別人這麼想。他很高，額頭很寬，黑髮帶點灰色光澤，眼神充滿智慧而犀利。說話清楚明確。自信而不自滿。他在戰時擔任軍醫照顧傷兵，對大腦的研究等等……有太多優點值得我欽佩。

但現在我稍微冷靜下來，不禁思考：一、他是否在談話時對我用了暗示技巧？二、說不定他也是KGB的成員？

★腦力訓練：字詞清單之故事記憶法（第二級）

我們繼續使用故事記憶法來記憶清單。下列清單比之前的更長，你必須計時看看自己花了多久背出整張清單。

編織一個情感豐富而生動的故事並盡力想像。運用畫面、聲音、氣味、物品的觸感。把自己寫進故事中。

郵票

一瓶油

彈珠

章魚

一捲線

粉筆

書

橡膠手套

玩具士兵

線鋸

為抽象概念設定畫面

通常要想像具體的事物很容易。當你說「杯子」，你會想像自己最愛用的杯子，還有它的形狀、顏色和重量。「道路」會勾起你腦海中一段熟悉的路的畫面。但是，如果是沒有具體樣貌的

抽象概念，像是「薪水」「幸福」或「建議」等等？

有兩種方法可以將這類概念重新建構為意象或畫面。第一種是找諧音。為想記住的詞找諧音，挑自己比較熟悉的詞，再把這些諧音詞轉換為畫面。例如「薪水」變成「芫荽」，「幸福」變成「新斧」。

第二種方法是使用象徵：用一個直覺想到的特定的畫面或象徵，來表達這個抽象概念。不管是普遍使用的象徵，或是只有你自己知道的都可以。例如「自由」可以想像成「自由之鐘」，而「幸福」就想像成一張微笑的臉。

如果使用一般性象徵，「協議」可以想像成堅定的握手之禮，或是埃及的方尖碑。「責任」可以用蓋印的官方文件代表。

聯想與象徵的使用因人而異。中世紀的學生想到「建議」這個詞，腦袋一定會浮現修道院院長蘇傑（Abbot Suger）的名字。他是一位十一至十二世紀間的人物，致力於重建鄰近巴黎的聖但尼區域。一個人的知識範疇越廣，越容易學習新的聯想並記住新資訊。

練習

挑一個你不熟悉的領域，拿一本該領域的專業詞彙書籍，像是電腦工程、哲學或心理學。翻開任一頁，試著用發音或象徵聯想，為書上的詞建立相關的意象。

1955年3月24日
莫斯科

CONFIDENTIAL

機密文件遺失案件調查
（案件編號 #283相關檔案）

據探員調查，目前線索指出該文件可能遭支持納粹主義復興
之外國單位或個人竊走。

行動：評估資本主義國家情報單位與科學社群內支持納粹組
織之活動。判斷已知之外國情報網與該RSHA機密文件遺失案
是否有關、關聯為何。

第二分局首席行動指揮官
少校 米洛斯拉夫斯基

★腦力訓練：字詞對對碰（第三級）

　　打開一本書任一頁，記下每一行第一個詞。如果是功能詞、助詞或接續上一頁的詞，就換下個詞。用字詞配對法記住，把該頁做記號，闔上書本。唸出這串詞，打開書本檢查。也可以利用報章雜誌來做這個練習。

自我測驗

伯恩斯坦是位避世之人，為何會和碩士生柯瓦列夫變得要好？

A) 柯瓦列夫是伯恩斯坦死去兒子的朋友

B) 柯瓦列夫讓伯恩斯坦想起死去的兒子

C) 柯瓦列夫幫助伯恩斯坦得到住處

D) 伯恩斯坦對大眾心理學很有興趣，柯瓦列夫是該領域的佼佼者

1955年3月26日
莫斯科

參考資料

1933至1945年，納粹對集中營的俘虜進行了一系列實驗，其中許多不是致死就是帶來不可逆的身體傷害。

這些已完成的實驗造成了無法挽回的結果。但鮮為人知的是，透過實驗取得的結果，現今已應用於醫療中。

當時對集中營俘虜進行實驗的「殺人醫生」逃過了刑罰。其中最著名的約瑟夫·門格勒（Josef Mengele）戰後在巴伐利亞藏匿數年，據稱後來逃亡至阿根廷。

在1946至1947年著名的紐倫堡審判中，23人被指控對集中營俘虜進行醫學實驗。其中7人被判死刑，5人被判無期徒刑，4人被判有期徒刑，7人無罪釋放。被判入獄者大多數提早出獄，在德國與美國之軍事與醫療機構任職至今。

第二分局
上校 史托林

文句記憶

　　如果能夠記住字詞清單、創作畫面生動的故事,那麼記住更大量的資訊亦非難事了。記憶文句和整段文字恰恰適合這種能力。

　　例如,你正在聽取新任務的簡報,必須記住以下通關密語:「比爾‧布朗說新的挖土機下週會送到」。你可以想像比爾‧柯林頓穿著一身髒到快變成棕色的制服,站在工地,心情鬱悶。[*]比爾抬頭望著兩臺大大的黃色挖土機,其中一臺車門上的洞洞板掛著一堆送貨訂單,還有一張月曆,在下週的日期做了記號。

　　現在你還忘得了這句話嗎?

---

[*] 原文「Bill Brown said that the cranes will be delivered next week.」,布朗同「棕色(brown)」,said音近「鬱悶」(sad)。

練習

　　找幾句格言、慣用語或是一般的句子,為它們編出畫面生動的故事。

機密

探員匯報

回覆：案件編號 #283
1955年3月28日
來源：西莫尼德斯
收文者：少校 米洛斯拉夫斯基

關於柯瓦列夫之性格與生活狀況

目前正在蒐集柯瓦列夫先生的生活狀況、休閒嗜好與研究相關情報。

柯瓦列夫已進入研究所就讀兩年。成績尚可。

性格不獨立，習慣依賴他人意見。

父親米凱爾·伊利奇·柯瓦列夫與母親艾蕾娜·維克托洛夫那·柯瓦列娃皆為工程師，居住於列寧格勒。在兒子大學在學期間供應其租屋處。然而當柯瓦列夫進入研究所後，雙親堅持要求他搬進學生宿舍，停止金援。其父認為兒子必須獨力靠自己完成目標。

而柯瓦列夫先生的生活開銷很大。尤其因為他喜愛流行音樂，購買多張國內外唱片。

過去半年來，柯瓦列夫漸漸對繪畫產生興趣，特別是中古歐洲晚期畫作。他定期參觀美術館與展覽，購買昂貴的複製品畫冊。

#230

★腦力訓練：桌上物品（第二級）

　　這次再多翻翻家中的物品，特別是平常比較少用的。把這些物品擺在桌子上，或請別人代勞。再次運用心理圖像技巧，隨後蓋上桌布，開始在腦海中依照剛才的心理圖像把物品歸位。

筆記欄

TOP SECRET

<u>探員匯報</u>

- -

回覆：案件編號 #283
1955年4月9日
來源：西莫尼德斯
收文者：少校 米洛斯拉夫斯基

- -

關於探員招募

依據授權，將聘僱下列莫斯科大學生教職員為探員：

亞其波夫，出生年：1935，大學三年級生

米因，出生年：1929，研究生

李奇柯，出生年：1920，資深講師

克拉夫恰克拒絕與KGB合作。

聯絡新探員之工作委由探員普里柯特柯中尉執行。

#168

1955年4月10日

今天是我第一次招募新的線人。之前的訓練都見效
了。我試著贏得對方的信任，試著讓他們對我們的
工作產生興趣。
克拉夫恰克倒是沒有答應。但我希望能說服他至少
不要洩漏這次談話。

記憶外語單字

　　學習外語是情報員的例行訓練。能獲選為情報員必定有足夠的心理素質，不過學習外語至能夠流利溝通且發音道地的程度，需要的是高深的技巧。

　　學習外語的早期階段，學生得記住大量的單字配對，配對中一個是已知的母語詞彙，另一個是對應的外語單字。以下的公式可以幫助你背下這些單字配對。

1. 將母語詞彙與某個畫面連結，如同我們在故事記憶法段落所介紹。
2. 外語單字用諧音就很好記。挑幾個與此外語單字諧音的母語詞彙。
3. 用故事將母語詞彙的對應意象與外語單字的諧音詞連結在一起。

　　舉例來說，法語「grognon」意為「脾氣差」。這個詞音近「咕噥」。你可以想像有個脾氣差的男人氣呼呼地咕噥著，幫你記住「grognon（脾氣差）」這個單字。

　　保持練習，就能快速創作故事，每次練習至少能記下50至70個單字。

練習

　　如果你一直很想學某個外語，買一本500到1,000字左右的常用字辭典。用剛才介紹的方法就能快速背起來，實現你的語言夢。

1955年4月16日

最近在蒐集關於柯瓦列夫的情報。我想我招募到的那幾位線人亞其波夫、李奇柯、米因也正在做這件事，不過自從上次招募他們之後一直沒聯絡。他們在躲我，李奇柯上次甚至在我經過時避開視線，假裝看報紙。

柯瓦列夫是個怪咖。他在學校表現良好，擅長念書，不會太勉強自己，他的同學們從沒看過他理頭讀書，可是成績不是甲等就是優等。受推薦入學進入研究所。靠著天份過活，沒有特別努力，常常去咖啡廳聽唱片或看畫冊。

伯恩斯坦一直在幫助柯瓦列夫，柯瓦列夫和這樁文件遺失案有牽涉，他也知道一些關於伯恩斯坦的事，但是拒絕談論。

原來從檔案室消失的文件真的價值匪淺。文件內容包括某些與洗腦技術相關的協議與實驗結果。嚴格說來也不是洗腦技術。那些法西斯份子就是單純在集中營囚室放毒氣，這一定會剝奪人的自由意志，讓人變成唯命是從的動物。文件中還有關於集體催眠實驗和自律訓練法等等很多東西的論文。市面上除了唯一一本自律訓練法的書籍之外，沒有出版任何相關研究。看來德國人是想要把這些概念應用在軍事上，但來不及完成。我無法想像，要是這些文件落入今日的好戰分子手裡會發生什麼事。

自我測驗

遺失之機密文件調查報告，案件編號是多少？

A) 286

B) 283

C) 1955

D) 9

E) 236

★腦力訓練：字詞覆述之故事記憶法（初級）

現在我們加快腳步。找一本書，快速翻閱右頁，看最下面一句的第一個名詞。規定自己只能花5秒記一個詞，就翻到下一頁。一開始你可能難以適應切換字詞的速度，不過久而久之就能快速編出新故事，讓這個記憶法變成像閱讀、書寫一樣無意識的自動化過程。

1955年4月18日

聯絡柯瓦列夫，針對伯恩斯坦失蹤相關消息聽取口供。審問過程切勿提起蘇聯科學院檔案室文件遺失一事。

第二分局首席行動指揮官
少校 米洛斯拉夫斯基

1955年4月19日
莫斯科

（案件編號 #283相關文件）

<u>參考資料</u>

催眠為某種特殊心理狀態，處於該狀態者在睡眠同時仍保持意識。該狀態伴隨強烈之易受暗示傾向，被催眠者會把平時不可能相信的事物視為理所當然。

現代對催眠的了解奠基於19世紀法國精神病學家讓・馬丁・沙可（Jean-Martin Charcot）與伊波呂特・別赫念（Hippolyte Berrnheim）的研究。俄國科學家別赫帖列夫（V. M. Behterev）亦對催眠有所研究。然而雖然學界對此現象持續關注，其背後的機制仍然未解。

在大型演出中使用催眠術的情況，顯示易受催眠暗示的程度因人而異。著名催眠師沃爾夫・梅辛（Wolf Messing）就懂得挑選易受暗示的觀眾做為示範。

在梅辛的表演中，被催眠者能懸空橫躺在兩張椅子上，只靠頭與腳支撐、或是能用腹部撐起幾十公斤的重物、感受不到疼痛、比平時更容易暴露個人資訊、不管催眠師下達任何奇怪指令都照做不誤。

許多催眠師聲稱他們能在任何場合催眠任何人，但事實並非如此。截至目前催眠術的發展，催眠師仍需要被催眠者的配合，才能誘導其進入催眠狀態。包括軍方與各領域科學家都在研究新的催眠方式，能無視對方自身意志強制催眠任何人。然而至今尚未發展出這種技術。

第二分局
上校 史托林

記憶的動力

　　一個人的動機與需求對記憶力影響甚鉅。舉例來說，你可能覺得要把鐵路、捷運線的每一站背起來很困難，但這是因為你並不需要這些資訊。然而，如果你身為每天要回報每個車站情況的列車調度員，那就不一樣了。你大概不假思索就能記住這些站名。

　　我們能輕易記住每天生活所需的資訊。大腦會區別接收到的資訊重要與否，以節省能量。所以在此給你一個實用的建議：開始努力背東西之前，先想清楚自己需要記住這個資訊的理由、你能從中獲得什麼。同樣地，如果你要求別人記住某些資訊，就要給予動機。讓對方感興趣。詳細說明這個資訊在什麼具體場合會用到。假如你需要鄰居幫你把信投到信箱，就跟他說「鮑伯，當你經過郵筒時，記得我說的，要把信投進去。非常感謝你。」「當你經過……」這段話會幫對方加深印象，在對的時間做對的事。你的感謝之情也能為鮑伯提供情感上的動力。

　　需求與動機經常對我們的記憶開殘忍的玩笑。心理分析學派的創始者西格蒙‧佛洛伊德對此機制做出一套解釋。人類為追求情緒的安逸，會遺忘可能造成不愉快的資訊。佛洛伊德稱此現象為「壓抑」。

　　如果你平時很少忘記與別人的約會，卻時常忘記和某人的約會，可以對這件事再深思。有可能和此人相處讓你感到不愉快。很難想像人有需要時會忘記向慷慨的朋友借錢，不過債務人忘記向債權人請求延期還款的情形倒是很常見。

★腦力訓練：火柴（第二級）

　　讓我們把火柴練習再加深難度。增加火柴數量，請別人幫忙把火柴任意丟到桌上。

　　另一個些微變化版是將火柴和鉛筆混在一起。試著把排列樣式重繪到紙上。以下有一個圖例供你參考。

「詩人」跟監報告

1955年4月21日
莫斯科

1955年4月21日晚間，目標在斯特羅敏卡街上的莫斯科大學宿舍裡，直到12:20外出，搭乘往基耶夫斯卡亞車站方向的14號路線巴士。12:50沿紅普列斯尼亞車站軌道行走。兩名第七分局探員以交叉隊形尾隨。列車離站前，目標突然撐開即將關閉的車門，跳上車廂。探員搭乘下一班列車嘗試尋找未果。

直至隔天下午15:00，才再度於莫斯科大學校舍發現柯瓦列夫。15:50其搭乘電車至索科利尼基公園。由奇納瑞佛魯中尉主導進行跟監。目標於16:40在公園某咖啡廳坐下，點了兩份冰淇淋。嘗試搭訕某年輕女子，邀請她一起入座，但被對方拒絕。

目標於18:35離開公園並出發回宿舍。由我主導跟監行動。

目標於19:05分進入宿舍至三樓，即其房間所在樓層。探員跟隨其至四樓，爾後下至一樓，停留在警衛室。15分鐘後，即19:20，一名學生畢可夫發現三樓有住宿生身體不適，匆忙請警衛通知醫生。

我上到三樓，發現「詩人」倒臥在走廊。無生命跡象，脈搏停止。10分鐘後，即19:30，急診醫師到場並宣告死亡，推定死因為嚴重心臟衰竭。

我快速搜查「詩人」的房間，並未發現可疑之處。

20:00，奇納瑞佛魯中尉與我回到咖啡廳，希望取得目標使用過的餐具，但杯盤已清洗。咖啡廳有其他客人食用同款冰淇淋，但身體並無異狀。

第七分局首席行動指揮官
上尉 尼基佛若夫

1955年4月2日

昨天他們叫我們集合，宣布柯瓦列夫已死亡。他應
該是被謀殺的。本來想透過他獲得關於伯恩斯坦
的線索。唉，我們得從頭來過了。

遺忘曲線

19世紀末，德國心理學家赫爾曼・艾賓豪斯（Hermann Ebbinghaus）建立了遺忘曲線理論，說明人們如何遺忘已學到的事物。艾賓豪斯要求受試者記住一些由3個字母組成的無意義音節。如果用死背的方式，不使用聯想記憶法，一小時後我們只會記得44%的資訊，一週後則剩下25%。幸運的是，我們可以有意識地讓記憶停留更久。

生活中接收的大部分資訊都會在一小時內被遺忘，而我們能做些什麼？更進一步的實驗顯示「重覆」能降低遺忘的速度。重覆越多次就越容易記住。

計算遺忘速率的實驗已得出實際結論。第一，想要一次記住所有東西不是有效率的做法。更好的方式是分成階段，留一些間隔時間來複習。

如果你只有一天的時間來記住所有東西，那麼最佳的重覆複習策略應為：

- 看完後15至20分鐘複習第一次；
- 6至8小時後複習第二次；
- 24小時後複習第三次。

主動地重覆會比被動地更好。複習時與其聽或讀第二次，不如憑記憶畫或寫下來，需要的話再查看原文做確認。

如果時間不限一天，可按照以下步驟複習：

- 看完後一天內複習第一次；

．看完後第四天複習第二次；

．看完後第七天複習第三次。

如果資訊量很大，最好分配每一次複習的資訊量：第一次複習全部，第二次複習重點，第三次再用不同分組或順序全部複習一遍。深度學習能讓提取資訊的過程變得更輕鬆。

每組複習法最少要三次。情報探員在複習自己的偽裝身分時，要重覆記憶上百次，定期複習、更新記憶。畢竟這件事關乎生死。

★腦力訓練：填字遊戲（6×6）

這次我們在填字遊戲的格子上畫六宮格。試著用最短時間記住排列樣式。

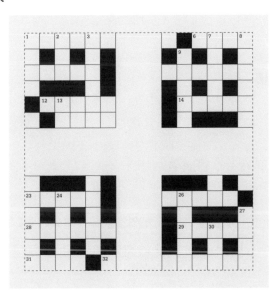

序位效應

這種記憶現象對探員來說至關重要。我們用一個小小實驗來測試這個效果。現在請你不要做準備,直接快速閱讀下列字詞:

煙火
柳丁
車子
時鐘
沙發
畫作
代數
博士
雜誌
員工
摩天大樓
流星

現在立刻闔上本書試著回想。

再度翻回這頁來檢查。一般來說,「煙火」和「流星」是最容易記得的。清單中間的詞比較難回想,因此頭尾的資訊比較容易記。

　　這種序位效應（serial position effect）不只出現在記憶清單時；當你回想一天之中發生的事，早晨和夜晚的事會記得最清楚；當你想背誦一個故事，發生時間序在中間的事件最難回想。

　　如上述說明，序位效應被廣泛應用於情報工作中。你可以利用這個效應來掩蓋你真正感興趣的話題。別在談話的開始和結尾提及你感興趣的事，而是用其他模糊的話題開場，在談話中間插入你想問或想說的，結束時再度岔開話題。

　　然而序位效應並不總是管用。如果你提到的話題正中對方的痛處，那就算在談話中間岔入，他們還是會記得的。情報員的專業還包括如何了解和避免碰觸別人的禁忌。

　　你可以換個方式問問題，例如，假裝自己無知又白目，不經大腦就提出讓人困擾的話題。此時對方因為你的失禮行為留下深刻印象，而你問的問題內容就被拋諸腦後。

★腦力訓練：舒爾特表（5×5）

　　以下還有另一張舒爾特圖表供你挑戰。

　　記得讓視線焦點落在正中央那一格，使用周邊視覺，按順序找出所有數字。若能更進一步，可試著盡量同時看更多數字，而不只是正在尋找的數字。

　　要經常回來做這個練習。這是很好的心智訓練，教導你如何觀察及預先規劃行動。

16	24	6	20	3
25	8	5	13	21
12	10	17	4	18
2	7	15	22	9
14	23	19	1	11

1955年4月23日
莫斯科

CONFIDENTIAL

機密文件遺失案件調查
（案件編號 #283相關文件）

根據目前情況判斷，關於文件遺失案的事件真相，有兩種方向的推測較值得考慮。

一、伯恩斯坦挾文件從檔案室潛逃，柯瓦列夫並不知情，其死亡純為個人健康因素。

二、伯恩斯坦竊走文件，柯瓦列夫不經意發現，而伯恩斯坦以慢性毒藥謀殺柯瓦列夫。驗屍結果顯示柯瓦列夫的死因為心臟病，但是兩個月前，其在大學醫院體檢資料沒有顯示任何心臟功能異常。

柯瓦列夫單純因心臟病而死之機率不高，不排除謀殺可能。另外，驗屍報告顯示柯瓦列夫於13:00至14:00之間用午餐，並喝下約100至200毫升紅酒，有可能當時遭下毒。

為檢驗此兩種推測，必須取得關於柯瓦列夫的嗜好、交友關係之資料，並調查其在生前最後幾週之經歷。

於此同時，盡速安排行動，派具專家身分，可取得群眾洗腦技術相關研究之臥底探員協助調查。

莫斯科可能已有外國情報員潛入，據此原因，第二分局將此次行動升級，目標為尋找遺失文件及逮捕犯人。

第二分局副局長
上校 魯欽

記憶干涉

　　干涉在本質上就是相似的記憶被混淆。兩段相似的記憶彼此影響，而兩段記憶越相似，就越難正確回想。除了新資訊會影響舊資訊被正確回想，舊資訊也會回過頭干涉新的記憶形成。

　　舉例來說，你用同一張銀行金融卡很多年，密碼也記得清清楚楚；當卡片到期，銀行通知你領取新卡。剛開始去ATM用新的金融卡時，舊的密碼總是自動浮現在腦海，你得努力回想新的密碼。但是過一陣子之後，這個習慣就倒過來了：你會自動想到新的密碼，反而要花點心力回想舊密碼。與相似情境有關的相似記憶會彼此干涉。

　　為減少這種干涉的影響，可以把相似的資訊分開在不同時段記憶。例如，在準備考試時，把最不相干的幾個重點組成一組來背。這個規則在很多情況下都有用，因為切換不同活動能節省能量。如果今天的行程是修改一份文件、寫一篇心得和做一張表格，那麼因修改文件和寫心得性質較類似，可分隔進行，中間先製作表格會比較好。

　　在談話時，如果你希望別人忘記某事，可以丟出一堆相關資訊，問他們關於該話題的意見、討論細節、讓他們不得不投入注意力。最後許多相關資訊混在一起，並且拜干涉現象所賜，你想略過的話題，對方就不會像在一般情況下記得那麼清楚。至少他

們不會那麼確信自己的記憶正確。

　　當有人想記住談話中提到的某件事，但你不希望這樣，可以試著亂接對方的話。不正確但相似的暗示會阻止記憶形成，造成干涉。律師會在法庭上使用這個技巧，混淆證人的記憶。

　　日常生活中，朋友家人想幫你回想某件事，結果越幫越忙的時候，也是同樣的情況。

★腦力訓練：骰子（第三級）

　　加進更多有顏色的骰子，限時5秒內記下數字和顏色的配對。

筆記欄

性格與習慣

　　干涉現象除了影響資訊的記憶，也和學習技藝有關。例如，生活在右側通行國家的人們，來到左側通行的國家時就會感到混淆。習慣右側優先的技巧不但沒幫助，還影響了在新情境中的表現，要另外花費心力克服這個困難。

　　在情勢緊張時，意志的控制力會變弱，平日的習慣會不自覺浮上檯面。在情報史上，臥底探員因無意識的習慣動作暴露身分的例子並不罕見。

　　KGB內部曾經公布用來辨認外國探員的特徵清單，裡面提到諸如：酒精飲料要加冰塊、受到一點服務就會付費、吃飯不配麵包等等，這些行為都是西歐或美國人的典型習慣，但蘇聯地區的人就不會這麼做。

　　你希望對方露出平常的習性嗎？試著提出敏感的話題，或是做出不合常理的事讓他們必須立刻做出言行反應。只要一分心，對方就很有可能露出馬腳。過度疲勞或是攝取酒精也會讓控制力下降，你可藉此看出人們隱藏的習性。

1955年4月25日

最近幾天，工作和課業都面臨前所未有的壓力。調
查的捷徑全都隨著柯瓦列夫的死化為烏有。只剩下
日復一日的細節工作。要不是一如往常持續的大量訓
練，這工作還真有點無聊。而這些在昨天回家路上
終於顯露出美妙的成果。在訓練和大學裡所教導的
一切豁然開朗。就在一瞬間，人們的思想、情感、言
行、人際關係對我而言變得再清楚不過。而我能夠
操縱這一切。

我看著地鐵月臺往來行人，就知道他們今天做了什
麼（或是整週！）他們的表情、姿態、穿著打扮、甚
至拿著什麼樣的提包，都向我透露一切。我心情實
在太好了，離開車站時忍不住親吻了兩位女士，雖
然我根本不認識她們。她們大概覺得我不是喝醉
就是瘋了。不過我開口問她們是否知道這個時間哪
裡能買到花，以及嬰兒用品店在哪裡，她們變得比
較放鬆，呵呵笑著說不知道。我就這樣消失於暗夜
中，女孩們還繼續討論方才遇到的「年輕爸爸」，把
那個「接吻變態」拋到腦後去了。

人們最容易記得談話結束前最後一個話題。正如
我們的訓練所說。

部分性記憶與遺忘

　　每次考試來不及準備完所有範圍，你應該都會發現，來不及準備的都是你覺得最難的。

　　如果某人記住了一個事件的許多相關資訊，那麼先問他一個細節，再問下一個細節時，反而更難回想第二個問題。如果一樁案件的目擊者先被問到攻擊者的眼鏡款式，再被問到對方的外套顏色，通常目擊者就更難想起外套的顏色。這種手法常被用來在法庭上混淆證人，尤其當證人只看過攻擊者一眼，只要再持續問題攻勢，然後在適當時機打斷，這位試圖操縱局面的律師就能打擊證人的自信，以證詞不一致為由抓住他們的把柄。

　　如果你希望你的線人忘掉你問過的某個問題，只要在下次見面時，把其他問題全部問一遍。對方就會把舊的問題拋諸腦後，或至少藏到記憶最深處。在教導新探員時也必須考慮這點。要注意，對訓練過的內容隨機測驗，也可能讓沒有測驗到的內容被淡忘。

★腦力訓練：火柴（第三級）

　　別忘記持續這系列的火柴練習！為了更清楚記住火柴的位置，試著用幾何圖形在心裡為火柴分組。或許這個隨機掉落的形狀讓你聯想到什麼？利用這個聯想幫助記憶。

　　就算一次練習沒辦法做到完美也沒關係。多試幾次或是回到上一階段，並規律練習。

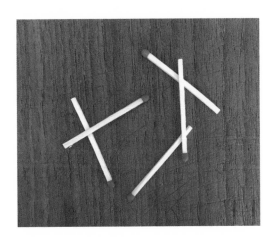

柴嘉尼效應

柴嘉尼效應（Zaigarnik effect）是指沒有完成或被中斷的工作，會比已完成的工作記憶得更清楚的現象。心理學家庫爾特‧勒溫（Kurt Lewin）與布爾瑪‧柴嘉尼（Blum Zeigarnik）坐在一家咖啡廳時，發現服務生沒有把他們點的餐抄下來，仍能送達正確的餐點，但是被問及已經離開的客人點的餐時，卻完全想不起來。

之後的實驗證實，智力工作被中斷時，相較於沒有被中斷的工作，等於記住了兩次。或許這種關於未完成工作的效應，可用「動機增強了記憶」來解釋。當工作已完成，記憶的動機就消失了，所以當事人也忘記與該工作相關的一切事務。

柴嘉尼效應非常實用，例如當你撰寫一篇長篇著作，在章節段落間停筆，下次回來寫作時會很容易上手。你會清楚記得上次暫停之處，而且更了解自己想寫什麼、效率更快。

未完成工作的效應也可運用於人際互動。如果你在一場激烈對話的最高點打住，沒有做出任何結論，那麼對於另一方影響就更大。他們會再次回顧並思考談話內容，最後更有可能同意你的觀點。

自我測驗

根據KGB的科學顧問，軍方心理學家在洗腦技術領域的主要研究方向為何？

A) 在催眠狀態中消除人對所接收資訊的疑問

B) 在催眠狀態中解除疼痛

C) 在催眠狀態中增強人們的體能

D) 無論對方的身心狀態為何皆可催眠對方的能力

第 3 章

獨立情報探員

情報任務其實不是探員的主業。探員需要經常與其他探員合作，交派任務，提供必要的工具與關鍵資訊。於此同時，探員也過著另一個平凡的生活：工作、交際，蒐集資訊並進行任務。

遺忘

遺忘是記憶中非常重要的功能，保護大腦免於資訊過載。

首先，我們會遺忘長久未使用的多餘資訊。當使用原本的形式儲存這份資訊已經變得不可能或不實際，大腦就用別的形式處理並總結。有時這類資訊會形成無法以邏輯解釋的「直覺」。大腦根據我們自己都已遺忘的過往類似經驗，給我們直覺性的線索。

另外，我們也會遺忘所有不愉快的經驗。親人的死亡、危險事故、災難、罪案或是與自身信念相悖的事件等痛苦經驗，會被無意識地擠出記憶之外，以恢復心靈健康。

遺忘過程會受時間因素影響。離接收資訊的那一刻越久，越有可能忘記。暫停接觸一樁情報任務太久，會造成很大的害處。如果探員忘記任務的背景資訊，很有可能要重新來過。

然而，稍事休息一到兩週會很有幫助。你的視野會變得更開闊，不重要的細節退到知覺的背景深處，襯托出看待問題的完整與全新觀點。先前沒有注意到的現象變得清晰，新的想法浮現。

心理學上有一個理論：一旦資訊在腦中建立連結，就不會被遺忘，但是連結有可能被切斷。

被遺忘的資訊並非永遠消失，在特殊情況下會再次被喚起。腦神經手術實驗證實，刺激大腦皮質某些區域，就能喚起被遺忘的記憶。

但是直接刺激大腦皮質並不是唯一喚起遺忘記憶的方法。有些方法如前面章節所述。其中最重要的步驟為重建資訊被接收的當下情境。

位置記憶法

記住字詞清單的方法不只有故事記憶法。故事本身並不重要，只是連結字詞、賦予畫面、為它們的情緒定調的手段。既然聯想、畫面與情緒是成功記憶的關鍵，這對接下來要介紹的方法「位置記憶法」也同樣重要。故事記憶法以劇情串起畫面，而位置記憶法則是把它們擺放在熟悉的情境中，無論是一棟房子、一間房間或是一條街道都有可能。

位置記憶法的歷史悠久。在一則由羅馬歷史家西賽羅講述的傳說中，這種方法是一位西元前六至五世紀的希臘詩人西莫尼德斯（Simonides of Ceos）發明的。西莫尼德斯赴邀參加一場宴會，在他走出會場時，屋頂塌了下來。賓客全數罹難，而且遺體面目全非，無法辨認。但是西莫尼德斯靠著記住賓客用餐時的座位，幫助家屬找到遺體。

在《論演說家》（On the Orator，暫譯）中，西賽羅為這

則故事總結：要記住多項物品，必須把它們擺放在腦海中建造的空間。物品擺放在腦海中的位置，會幫助你記憶物品的順序。

西賽羅本人也會使用位置記憶法背講稿。他會邊練習邊在自家宅邸中走動，眼前的每個房間都連結到一種主題或概念。

另一個位置記憶法的經典例子是朱利奧‧卡米洛（Giulio Camillo）提出的「記憶劇院」（Theatre of Memory）。十六世紀文藝復興時期，這位哲學家兼煉金術師想要建造一個完整的人類知識系統，存放在名為這座記憶劇院中。每一領域的知識在館中各得其所，所有區域互相連通，組成一幅完備之景。卡米洛也確實開始動工興建一座木造建築，但是沒能完成。他也從未詳述這座知識館的運作基礎。然而將知識視覺化並連結各領域的概念，在當時帶來很大的影響。

記憶的藝術，與政府、國際關係和情報工作總是息息相關。西莫尼德斯因其描寫希臘與波斯之戰的詩而影響了希臘政治。他也以外交官身分解決衝突並阻止流血戰爭。西賽羅則是羅馬政要。他的辯才與記憶力讓他受人愛戴並獲選為執政官。卡米洛為統治法國三十年的法蘭西斯一世雇用。

歷史上數不勝數的名人：亞里斯多德、塞內卡、聖奧古斯丁、大亞爾伯特、阿奎納、焦爾達諾‧布魯諾、笛卡兒、培根、萊布尼茲等等，都為記憶的理論與應用做出貢獻。每一位都在其所處的時代發揮影響力，其中一些人則涉足情報與間諜工作。

記憶術

要掌握記憶術，最好的辦法是從熟悉的地點著手，像是自己家。想像自家空間，分出可以擺放、排列各種物品的區域、位置。

假設你家有門廊、客廳、走廊、廚房、遊戲室。在腦海中依逆時針順序走過每一個空間。如果很難確切想像，那就直接在家中走一遍，仔細觀察。你可能會注意到：

1. 門廊：

　長凳

　三格櫥櫃

　衣帽架

2. 客廳：

　轉角櫥櫃

　兩架書櫃

　沙發

　桌子

　邊桌

　掛畫

3. 走廊

4. 廚房：

　貓飼料碗

　餐桌

　小沙發

　……等等。

以上就能看出，就算住家空間很小，還是很容易就找得到二、三十個能放置物品的地方。雖然你家的擺設不會完全符合這些例子，只要你熟知這些擺設即可。

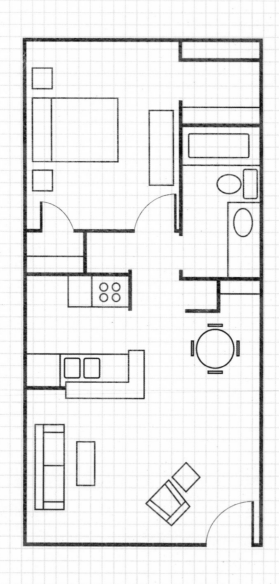

以下清單在前一章曾經出現過：

煙火

柳丁

車子

時鐘

沙發

畫作

代數

博士

雜誌

員工

摩天大樓

流星

以下使用位置記憶法，教你如何記住這串清單：

　你走進門第一眼就看見**煙火**。門廊的長凳上插著凱薩琳輪轉煙火，邊旋轉邊呼呼響著，噴出熾熱火花。門廊滿是濃煙與火藥味。櫥櫃其中一格擺了一顆鮮豔多汁又大顆的**柳丁**，大到勉勉強強才塞得進櫥櫃。果皮裂開，黏膩飄香的果汁流進旁邊第二格櫥櫃裡。第二格櫥櫃放著一臺迷你**車子**，被酸溜溜的柳丁汁滴到，紅色鏽斑開始覆蓋車體。第三格櫥櫃有一座大**時鐘**，指針滴答走動，正在倒數那臺急速鏽蝕的車子大限之時。櫥櫃旁的衣帽架上，掛著一張溫暖的綠色天鵝絨**沙發**。你一直都想隨身攜帶一張沙發，這樣累了就能隨時坐下。那麼該怎麼攜帶沙發呢？當然是

掛在衣帽架上囉。

　　接下來你進到客廳，門邊有一個轉角櫥櫃。你想看一下裡面有沒有東西，但是櫥櫃被一幅巨大鮮豔的**畫作**蓋住了，搞不懂為什麼要把畫掛在這裡。櫥櫃被牢牢釘住的掛畫擋住了，怎麼也摸不到。而第一個書櫃上寫著一題**代數**問題，或者該說，是一張附帶生動說明的代數題目圖表。偉大的數學**博士**坐在隔壁的書架上滿意地看著，因為挑戰這題方程式是他長久以來的夢想。這位科學家興奮無比，想必會待在這座書架上，和上頭的數學題難分難捨好一陣子。一旁的沙發上放著一本超大**雜誌**，顯然是博士帶來的。這本雜誌又大又重，非得放在沙發上不可，畢竟房間根本沒有其他地方擺得下，雜誌還重到深陷進沙發裡了。博士到底是怎麼把它搬進來的？雜誌社的**員工**們就坐在桌子上。因為空間不夠，所有人從編輯到助理小弟全都擠在一起，一群媒體人爭論得熱烈，快把坐在桌邊的助理小弟擠下去了。桌子旁邊的窗臺上擺著**摩天大樓**的模型，那是雜誌社員工們夢寐以求的新辦公大樓，不過這棟大樓實在太奇形怪狀，大概永遠蓋不成。這群上班族注定要一直在別人家裡遊蕩了。你突然發現邊桌的角落上面有奇妙的東西，竟然是一顆**流星**。它的表面已融化，粗糙的紋理與紅色的鐵鏽，如同高第的建築。高溫與熱鐵的氣味，顯示它應該是不久前才墜落的。你想了想，覺得這其實是整座屋子裡唯一有趣的東西，如此新奇，於是你待在邊桌旁，仔細察看這項新發現。

　　這整副景象看來荒謬又愚蠢，但這就是它有趣之處，令人難

忘。關鍵在於將清單中的物品擺在熟悉、容易記住的空間。而且
以上故事也確實包含了記憶術三大原則：

1. **聯想**：物品與熟悉的空間連結，或是彼此互相關聯。

2. **畫面**：所有字詞都轉換為鮮明的畫面。物品會動、會發
出聲音，有重量、色彩、味道、氣味與觸感。

3. **情緒**：你很怕被煙火燒到；你想喝柳丁汁，但一想到它
有多酸，還有流到櫃子上黏答答的樣子就不禁皺眉；為生鏽的迷
你車感到惋惜；看到隨身拖著沙發到處走的人覺得超級驚訝。你
還是很想知道畫的背後有什麼東西，還是很替數學博士擔心怎麼
搬那本重到不行的雜誌。

使用位置記憶法

使用位置記憶法的先決條件，就是要有自己非常熟悉的空間。你必須熟知空間裡的路線，在腦海中於各個房間來去自如，熟記下一步會經過什麼地點和擺設。具體來說，只記得「門口有衣櫃」還不夠。你必須對這個衣櫃的尺寸、形狀、顏色、觸感、開門時的嘎滋聲、裡頭的氣味等，都瞭若指掌。

選擇差異很大的位置會比較好記。如果兩架書櫃外觀很像，或是靠在一起，記憶時更有可能搞混。

在剛開始學習位置記憶法時，選擇真實存在的地點，尤其是你能造訪的地點為佳。掌握這個技巧之後，再繼續挑戰完全虛構的世界。打造一個難忘的空間，想像所有的細節。持續思索，這些想像世界將會成為你的助力。

練習

挑選三個地點來練習位置記憶法。在腦海中走過每一處，想像每一個位置、每一個物品。它們各自的大小、形狀、色彩、重量、質地與氣味皆不同，用這些特性幫助你記憶。搬動一下腦海中的家具，敲敲桌子，打開門，摸摸沙發的扶手。

使用過幾個實際的地點之後，嘗試用想像力創造一個虛構的地點。

身體記憶

身體部位也可以幫助記憶較短的清單。假如你正在準備一段演講，要背下大綱，可以想像講稿的第一段內容就擺在腳掌上，接著把它綁在鞋子上。第二段可能黏在膝蓋上，第三段在臀部。

身體部位最多只能用來記下10樣物品：

1. 腳掌
2. 膝蓋
3. 小腿
4. 臀部
5. 手腕
6. 腹部
7. 胸膛
8. 肩膀
9. 脖子
10. 頭部

此技巧可用以預防在向共事者或陌生人做簡報、演說時，思路突然中斷的情形。

★腦力訓練：字詞清單之位置記憶法（初級）

　　用這個簡單的練習進一步掌握位置記憶法吧。既然要使用熟悉的空間記憶一串清單，那麼就嘗試用自己的身體當作這個空間。

筆記欄

1955年4月28日
莫斯科

因應遺失之RSHA檔案調查行動升級，本人建議拔擢探員「西莫尼德斯」
為行動指揮官，賦予其權力聯絡新進探員「考古學家」、「麥可」與「
洛斯托維茲」。

本人亦建議將「徹查涉足心理學發展之情報人員名單」行動前置作業交
付西莫尼德斯

　　　　　　　　　　　　　　　　　第二分局首席行動指揮官
　　　　　　　　　　　　　　　　　少校 米洛斯拉夫斯基

★腦力訓練：字詞清單之位置記憶法（第二級）

　　使用位置記憶法，讓字詞記憶的技巧更上一層樓。這次用你的房間或公寓當作地點。

筆記欄

1955年4月30日

昨天和我的上級碰面。他跟我說我被升遷了。現在
我是情報任務指揮官,但是是委外人員。這意味著
我不只要蒐集情報,還要參與行動任務。同時行事
也得更加謹慎。
四月發生很多事。訓練更繁重。我和Z分手了。第一次
招募探員。柯瓦列夫受到鹽問,而後身亡。我得到升
遷。我已想不起過去在系主任辦公室虛度時間的生
活。現在的我,每天生活都很充實有意義。

故事記憶法與位置記憶法

你已經學習到兩種記憶字詞清單的方法：故事記憶法與位置記憶法。這兩者有許多相似之處。且最重要的是滿足記憶術三大原則：聯想、畫面與情緒。然而之間仍有差異：故事記憶法在物品與物品之間建立聯想，而位置記憶法在物品與腦海中的地點之間建立聯想。

能兩種方法兼用最好，也可以選擇其一，或是根據不同需求自行選擇。兩種方法各有其優缺點。

位置記憶法的一大優勢為，不需用到整個故事即可回想清單中需要的特定字詞。例如，當你需要回想本章前一個清單中第5個物品，只要在腦海中立刻抵達「衣帽架」，就會看見那張「沙發」。

不過位置記憶法的限制也很明顯。首先要為了記這串清單創造一個大空間；而且還要熟悉很多不同的空間，以免把清單混淆。這就是位置記憶法的最大罩門。不過還是有人偏好位置記憶法多於故事記憶法。

另外，同一個地點也能重新利用。如果某張清單已經不需要記了，就在腦海中把該地點的物品清空，消除清單中物品的畫面。最後再搜尋一次，確認沒有遺留任何東西，那麼該地點就可以重新使用了。

★腦力訓練：字詞覆述之位置記憶法（第二級）

快速翻閱一本書，找每一頁左上角第一個名詞並記住。這個練習中，位置記憶法會比故事記憶法方便有效。

練習

分別用前述的各個記憶法記住以下清單，試試看哪一種對你而言最有效。

清單1：

咖啡

大海

螢幕

門

鶴

馬

雷

畫眉鳥

終點

神話

清單2：

冰箱

竄改

字尾

枷鎖

驚喜

航行

對稱

摩天輪

創意

探員匯報

- -

回覆：案件標號 #283
1955年4月30日
來源：西莫尼德斯
收文者：少校 米洛斯拉夫斯基

- -

關於柯瓦列夫之人際關係

從柯瓦列夫的友人處得知其與外國人士來往情形如下：

柯瓦列夫與弗宏索瓦‧雷格呂相知甚篤。他是法國駐蘇聯大使館文化顧問尚‧雷格呂之子。

另外有證據顯示，柯瓦列夫在列寧格勒的艾米塔吉認識了一位繪畫狂熱者，目前身分不明。他們曾多次碰面。

在柯瓦列夫的住處發現數本未在蘇聯地區出版的義大利繪畫相關西班牙文書籍。

#215

1955年5月1日

我們正在調查兩個外國人。是法國人，一對父子。
他們和蘇聯人的行為舉止實在差太多了，尤其是
那個老的。不過那可能是外交界的特殊習性吧，
總是散發尊貴感與自信。強調地位。我很好奇如
果當場抓到他從事間諜活動，他會露出什麼模
樣。我聽說外交官不會被起訴，只會被遣返，但
是派駐國外的間諜一定會害怕的。如果被 KGB 發
現而被遣返回國，絕對不會有好下場。

自我測驗

寫出西莫尼德斯為文件遺失調查任務招募的三位探員代號。

★腦力訓練：字詞清單（第三級）

學會故事記憶法與位置記憶法之後，還要進一步精進。試著記住更長的清單，縮短時限。使用其中一種記憶法背下3到4個清單，再換另一種繼續練習。

1955年5月3日, 莫斯科

CONFIDENTIAL

弗宏索瓦・雷格呂調查筆記

案件編號 #283

弗宏索瓦・雷格呂是法國駐蘇聯大使館文化顧問尚・雷格呂（出生年：1933）之子。現居莫斯科法國大使館領地。無外交豁免權。

有情報顯示該文化顧問與法國情報組織有往來。可能他在外交官身分的偽裝之下，其實是駐莫斯科之法國情報組織成員。過去曾破獲利用駐外人士的家庭成員聯絡情報組織的案例，因此弗宏索瓦・雷格呂已被列入監視對象（代號「少爺」）。

弗宏索瓦・雷格呂交遊廣闊。根據地七分局探員報告，柯瓦列夫與雷格呂曾在捷爾任斯基廣場和基洛輔街會面、在莫斯科街頭步行，於此時交換一些大包紙袋和包裹。這些會面並不隱匿。他們無意躲避探員，亦無採取反跟監動作。

為避免與大使館引發衝突，目前並未針對雷格呂之親友採取行動。

第二分局首席行動指揮官
少校 洛斯拉夫斯基

★腦力訓練：字詞覆述（第三級）

繼續練習記憶字詞清單，交替使用故事記憶法與位置記憶法，將時限縮短至每個字詞只看3秒鐘。

1955年5月10日

檔案室遺失文件的案子遇到瓶頸了。至少對我而言如此。柯瓦列夫已死亡，佰恩斯坦大概也是。我想那些法國人一定沒興趣研究心理變態的納粹實驗。雖然我明白不會每個案子都破案，但我實在不希望自己負責的第一個案子就變成懸案。
繼續加油。

圖表與數字

大多數人都覺得記數字很難。也許是因為數字是最抽象的資訊類型，相較於字詞與名稱少了具體形象。讓數字變得明確、好記的方法就是轉換為畫面。一開始可以為個位數字創造形象，再進一步到二位數、三位數。通常別人想出來的畫面對你而言沒什麼效。當你對記憶術的掌握已爐火純青，就可以創造自己的數字畫面組合。

數字轉換為畫面的具體方法很多。選項之一是利用數字符號與畫面或物品的視覺相似性。例如：

0 - 球、帽子、戒指

1 - 蠟燭、矛、羽毛

2 - 天鵝、爬行的蝸牛、桌燈

3 - 鬍子、雲朵、駱駝（側著看）

4 - 椅子、揚帆的船、風向計

5 - 起重機吊鉤、杓子、棕櫚樹

6 - 捲起的象鼻、獨輪推車、連著梗的西瓜

7 - 門把、檯燈座、高爾夫球桿

8 - 眼鏡、沙漏、腳踏車

9 - 綁著線的氣球、附鍊單邊眼鏡、棒棒糖

另一種賦予畫面的方式為押韻或諧音：

0 - 靈、鈴鐺

1 - 衣服、醫生

2 - 兒、餓

3 - 山

4 - 寺

5 - 跳舞、嗚

6 - 溜、流、遛

7 - 油漆、妻子

8 - 喇叭、疤痕

9 - 酒、長長久久

10 - 石、獅子

甚至可以用虛構的角色來記憶：

0 - 蒙面俠蘇洛（Zorro，音近「零」（zero））

1 - 101忠狗

2 - 朗尼對對碰（The Two Ronnies）

3 - 三劍客

4 - 聖經啟示錄中的四騎士

5 - 地球超人（以五位超人為主角）

6 - 仿生六英雄（The Bionic Six，暫譯）

7 - 七矮人

8 - 睡美人（阿拉伯數字8狀似女性的身體）

9－魔戒遠征隊（《魔戒》中的九位主角）

　　你可以選用既有的或是發明適合自己的一套系統。關鍵在於
生動、清楚的畫面。而且每個意象不要太過相似，避免混淆。

　　數字清單的記憶法很單純，只要在一個故事中把全部數字賦
予畫面即可。假設你的電話號碼是120-1580，可以試著用這個故
事幫助記憶：有一根羽毛（1）在風中緩緩旋轉。它從一隻白天
鵝（2）身上落進一頂黑色帽子（0）中。那隻天鵝用單腳持一根
蠟燭（1），用一只杓子（5）為它擋住襲來的風。杓子的柄上綁
著一個沙漏，計算這隻天鵝飛行一圈（0）要花多少時間。

　　再舉一個例子。假設你的信用卡密碼是4837，用以下故事
為例：一艘揚帆的船（4）在海上航行。海面風平浪靜，水手把
一組腳踏車輪（8）固定到船底，死命地轉動踏板讓航行速度更
快。然而此時天邊飄來一朵雲（3），上面竟然附著門把（7）
。水手們再也不必轉動踏板，直接抓住雲上的門把前進就行了。

　　轉換數字為畫面的記憶法的原理和其他記憶法相同：抽象數
字成為生動畫面，這些畫面以故事劇情彼此連結，而故事的荒謬
性更有助於記憶。

　　學習記數字比記字詞困難一點，但不代表做不到。記憶大師
們都喜歡挑戰圓周率數字的紀錄。目前的金氏世界紀錄保持人已
背下超過小數點後六萬位數。

練習

　　用自己的個人資訊來練習數字記憶，像是金融卡密碼、各種文件上的數字、親友的電話和生日等等。

練習

　　我們知道強度較高的密碼要包含字母、數字和特殊符號。設計幾組複雜的密碼並記下，可保護你的個人資料。每個字母可以分別使用字詞的首字母。特殊符號則用相似的物品，例如：@是一隻尾巴長長的狗或蜷縮成一團毛球的貓；#是窗框；$是錢幣或音符；%是眼睛中間有根長鼻子的臉；^是房子或屋頂……等等。

　　假設你的密碼是「r45^hlm」，那麼以下列故事為例：一隻老鼠（r，rat）拖著一艘揚帆的船（4）。船舵是一只巨大的杓子（5），船體上方有屋頂（^）覆蓋，屋頂是啤酒花（h，hops）做的。有幾隻獅子（l，lion）在屋頂上揀啤酒花的果實丟到甲板上，讓一群猴子（m，monkey）來撿。

　　記住的越多、越勤練編故事，就能越快讓記憶過程變得輕鬆快速。

1955年5月15日

我們的訓練有時候比馬戲團還有趣。我們有辦法和
人聊天兩小時但不透漏任何個人資訊。我們能讓最
閉俗的人敞開心房給我們想要的資訊，也能讀懂別
人的弦外之音。我們能混淆視聽，也能引導別人的
注意力。例如有個作業是這樣的：搭計程車在城裡
晃一整天，晚上回來時報告關於司機們的所有資訊，
例如姓名、出生地、居住地、家庭成員、小孩多大了、
工作感覺如何。訣竅是：只要找到對方熱衷的話題，
他就成為你的囊中物了。人不一定會自己提起熱衷的
話題，然而一旦別人提起就難以自拔。
不過催眠就完全是另一回事……。今天課堂上有做
示範。同學K被催眠、問問題。我們知道了很多關於
他和我們自己的趣事。不過同學之間其實不太會聊到
訓練以外的話題。我很好奇K之後會不會記得自己說
的話。聽說有些人會。
因為催眠師的身分不公開，所以我們沒有見到他本
人，只聞其聲（不知道K有沒有看到）。然而他從厚重
的屏幕背後傳來的言語震撼了我。據我觀察，其他人
也有同感。迷人又令人畏懼。我可不想被那樣審問。

★腦力訓練：地圖（初級）

　　拿一張書上或網路上的地圖。設計一條短短的路線，記下其街道。放下地圖，給自己幾分鐘寫下這條路線規劃。把它背下來之後，拿回地圖，標記正確的街道。想像自己走在那些路上。你會看到怎樣的街景？該在哪個路口轉彎？

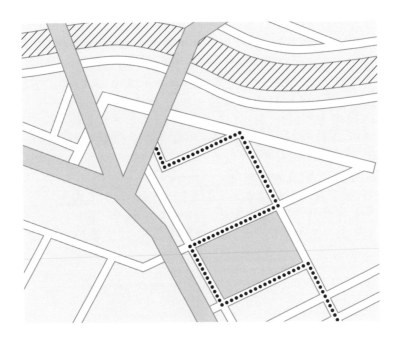

「少爺」監視報告

1955年5月16日
莫斯科

目標在5月5日與莫斯科大學學生普立法洛夫（出生年：1935）會面，7日與莫斯科物理技術學院學生葛利果列夫（出生年：1935）、路欽（出生年：1935）會面，8日與國際戰略研究所學生佛明（出生年：1933）會面。會面於高爾基公園、涅斯卡契尼公園、十二月黨人起義紀念公園的長椅進行。每次「少爺」皆交給對方幾大包物品。

後續跟監結果顯示與「少爺」會面者皆回到自宅，他們無意躲避探員，亦無採取反跟監動作。

第七分局人員試圖訪問與「少爺」會面者，對方拒絕合作，表示之前從未見過「少爺」，亦未曾從他收過任何物品。因此尚無法判斷這些會面目的為何。

我認為有必要持續跟監。

第七分局首席行動指揮官
上尉 柯思敏

#102a

CONFIDENTIAL

1955年5月16日
莫斯科

<u>伯恩斯坦調查報告</u>
（案件編號 #283）

針對1955年2月失蹤之伯恩斯坦（出生年：1897）調查尚未有結
果。已對伯恩斯坦之親友進行調查。伯恩斯坦有可能使用假身分，
因此已針對1955年2月底至今於莫斯科與列寧格勒註冊身分者進行調
查，未發現與其外觀符合者。

第二分局首席行動指揮官
少校 米洛斯拉夫斯基

1955年5月17日
莫斯科

拄留外籍人士弗宏索瓦‧雷格呂
（案件編號 #283）

由第七分局人員進行監視之報告顯示，法籍人士弗宏索瓦‧雷格呂有重大嫌疑，可能為法國駐俄使館與情報單位間之溝通管道。於訓練新探員過程中決議將其拘留。

5月17日晚間6點3分，弗宏索瓦‧雷格呂離開大使館領地，攜帶數個報紙包裹至涅斯卡契尼公園。7點5分時於靠近公園入口的長椅坐下，莫斯科物理技術學院二年級生路欽（出生年：1935）已坐在其上等候。兩人於交換包裹時當場被第二分局行動小組逮捕。

包裹內含數張法文唱片，路欽宣稱他向弗宏索瓦‧雷格呂購買莫斯科地區未販售的爵士唱片，一張唱片售20到50盧布。

第二分局首席行動指揮官
少校 洛斯拉夫斯基

1955年5月18日
莫斯科

<u>機密文件遺失案件調查</u>
（案件編號 #283）

法國外交部就1955年5月17日不合理拘留法國公民弗宏索瓦·雷格呂一事向我外交部發送抗議聲明。

因機密文件遺失案調查小組與第二分局首席行動指揮官米洛斯拉夫斯基少校之表現疏失，我給予其全員記過處分。

第二分局副局長
上校 魯欽

★腦力訓練：字卡配對（6×5）

　　挑15對字卡，排成6行5列，然後覆蓋。翻開字卡並配對，盡量在第一次翻開字卡時就記住，不要翻開兩次以上。相信自己的記憶。

筆記欄

記憶與理解

要確認是否已記住某樣東西，唯一的標準是不靠任何協助或提示就能完整複製內容，再和原內容比較。只靠感覺，或是要依靠別人、別處的事物來提示是不行的，而是直接寫下並比較。在情報工作中，必須記住某樣資訊時，一定會嚴格執行這條原則，例如任務的教學或假身分的背景故事。每項資訊都要完整背誦才能通過檢查。

為何這條原則如此重要？你一定經歷過某些時刻，例如準備考試時，以為自己已經很熟悉，一定能背出來，結果考試的時候就想不起來。事實上，記憶確實形成之時，比起能夠辨識資訊、以及主觀感受到已經學會時要晚很多。能理解書裡的內容，不代表需要的時候能夠被出來。

如果你正在向探員進行任務教學，請他重複一次你教的內容。如果內容是行動的順序，他會先照順序背一次，然後倒背一次。你正在準備考試嗎？把內容背出來並寫下。自己覺得記住了、知道了還不夠。記憶的法則之一就是：只記住片面資訊，會和已記住的資訊混淆，要全部記住才是上策。

專業領域記憶

有時候你會發現，足球迷能記住大量的資訊。在重要賽事前，粉絲會預測比賽結果，而且有憑有據。球迷會記得支持的球隊在每場類似情況比賽的結果、重要選手的統計資料、關鍵進門、裁判失誤等等。賽事結束當天，他們能花一兩個小時滔滔不絕談論每個細節、每個動作。

記憶大師還不只球迷；蒐藏家、影迷、科學家也一樣。他們記住許多事實、日期、數字、特徵、狀況與描述。必須一提的是，真正的狂熱者幾乎不用刻意背這些資訊，他們輕輕鬆鬆就會記住。

除了動機強烈之外，專業人士還擁有強大的聯想資料庫。每樣新事件、事實、數字，都會連結至既有的熟悉資訊，像是這個跑者以好幾毫秒破了自己的紀錄、這一隊在本季首勝等等。大腦很容易記住熟悉的、已和情緒連結、擁有特定意義的事物。老球迷經常能準確預測賽事結果就是這個道理，就算他們無法解釋如此預測的理由。

當然，情報員的記憶力與敏銳直覺也是很驚人的。因為情報工作不只是工作，也是生活方式，更是生死存亡大事。

自我測驗

下列何者為「徹查涉足心理學發展之情報人員名單」之

行動前置作業負責人？

A) 少校米洛斯拉夫斯基

B) 探員「麥可」

C) 探員「西莫尼德斯」

D) 上校魯欽

第 4 章

行動探員

　　有些行動任務需要國外的偵查員直擊匯報。探員必須擁有特定的資訊與必要的人脈，才能一邊四處走跳、一邊進行任務。

　　因此行動探員的工作就是將知識、人脈，以及最重要的：可靠的假身分資訊，留給共事的探員。在外國工作的行動探員工作非常危險。在敵人的情報組織監視下完成任務，需要高超的技巧。

1955年5月19日
莫斯科

<u>關於柯瓦列夫人際關係之調查</u>
（案件編號 #283相關檔案）

在蘇聯外交部的協助下，與法國駐蘇聯大使館文化顧問尚‧雷格呂（弗宏索瓦‧雷格呂之父）進行了非正式會面。除了向雷格呂先生私下道歉，亦說明拘留其子的理由。

這次會面中，藉由同齡孩子的行為等相關話題，與尚‧雷格呂建立了良好私人關係。他對此事件表示理解，也承認其子的行為確實有理由引起蘇聯國安單位的懷疑。他也提到並不滿意兒子在蘇聯生活的表現，有意將其送回法國。

知道這次拘留與柯瓦列夫之死有關後，他說「本來就不該跟那個瘋癲的阿根廷人來往。」

他說兒子曾提到，柯瓦列夫有時會與一個奇怪的阿爾瓦雷茲先生來往。他是一位來自拉丁美洲，常常待在蘇聯的藝術史學家。雷格呂生擔心阿爾瓦雷茲可能牽涉不法情事，建議兒子遠離阿爾瓦雷茲與柯瓦列夫兩人。

第二分局副局長
上校 魯欽

簡報與演講

聽到全部照稿唸的演講最讓人失望了。就算用「公開演說壓力很大」這種說詞，也無法為這種罔顧觀眾期待的行為開脫。對公開演說的恐懼名列對人影響力最大的恐懼症之一。史上第一批使用記憶術的人就是演說家。演講者如果不用查看下一句要說什麼，就能更有自信、更能調適壓力。

演講要好，不用逐字照背。只要把重點及其間的關聯背起來就行了。這樣一來你就不會忘記臺詞，有即興發揮及現場互動的空間。

1. 把演講用語意分成各個段落 分成各個語意段落 每個段落不用太短；每場演說大概5至10個就夠了。
2. 把每個段落的大意濃縮成一句話，即主題句，每句約3到4個詞。
3. 定下每個主題句的關鍵詞。
4. 用故事記憶法或位置記憶法背下關鍵詞清單。可以用自己的身體當作腦海中的地點。
5. 重新講一遍，或是寫下每段的主題句來排練，覆述所有關鍵詞。照順序背一次並倒背一次。

舞臺劇演員要逐字記住很長的文本，我們能從他們的經驗取經。準備演出並非由記住文字開始，而是記住角色在劇情變化間

產生的感受。一旦演員進入角色的核心，文本就變得清晰，也能把臺詞記得越好越快。

　　想像一下，你希望每個段落在聽者心中激發出什麼情感。親身去感受，並將它們化為文字。

練習

　　找一篇短文來讀，用語意分成幾個小段落。以主題句方式寫下這些段落的重點。定出關鍵詞並記住。試著重述整篇短文，然後和原文對照。

　　多挑幾篇不同領域的文章做這個練習。這不僅能發展記憶能力，還有資訊的感知、處理、壓縮能力。對情報人員來說，將提取出的大量資訊化繁為簡再表達，是極為寶貴的能力。

記憶與組織

要清楚記住大量資訊，就要整理。整理散亂資料最有效的方法之一，就是用樹狀圖分類。

例如，你可能擔心有人趁你不在辦公室時亂翻你的東西，所以想記住書桌上的物品。這些物品如下：

一臺筆記型電腦

一支鋼筆

一本筆記本（書籤夾在第15頁上）

幾張白紙

一臺削鉛筆機

一個防竊聽偵測器

《世界國家一覽》，去年的版本

一個外接硬碟

一張放在相框裡的相片

一張記憶卡

一尊佛像

一枝鉛筆

一本討論情緒的心理學書籍

一個行動電源

要直接記住這張清單很不容易。但是你可以將物品分類。例
如，以電子產品與非電子產品分類。這張清單就變成：

1. 電子產品
　　一臺筆記型電腦
　　一個防竊聽偵測器
　　一個外接硬碟
　　一張記憶卡
　　一個行動電源

2. 非電子產品
　　一支鋼筆
　　一本筆記本（書籤夾在第15頁上）
　　幾張白紙
　　一臺削鉛筆機
　　《世界國家一覽》，去年的版本
　　一張放在相框裡的相片
　　一尊佛像
　　一枝鉛筆
　　一本討論情緒的心理學書籍

　　於是這張清單就變得比較易懂了，不過每一組的項目還是太
多了。可以再分為次分類如下：

1. 電子產品

    A) 資料儲存裝置：

        一臺筆記型電腦

        一個外接硬碟

        一張記憶卡

    B) 其他裝置：

        一個防竊聽偵測器

        一個行動電源

2. 非電子產品

    A) 文具

        一支鋼筆

        一本筆記本（書籤夾在第15頁上）

        幾張白紙

        一臺削鉛筆機

        一枝鉛筆

    B) 書籍

        《世界國家一覽》，去年的版本

        一本討論情緒的心理學書籍

    C) 裝飾品

        一張放在相框裡的相片

        一尊佛像

這樣就能畫出兩層分類樹狀圖了。

建立這種樹狀圖很花時間。然而實驗證實，資訊經過組織後能被記憶的量是一般的十倍。

用自己的方式整理資訊，建立圖表，分類並組織。

自我測驗

在「圖表與數字」練習中，舉了哪一部電影代表數字9？

A) 第九禁區

B) 魔戒首部曲：魔戒現身

C) 海底總動員

D) 七寶奇謀

心智地圖

　　將資料的結構視覺化的方法之一是「心智地圖」。這是英國心理學家托尼‧布詹（Tony Buzan）研發的技巧。他正巧也是記憶世界冠軍競賽的創辦人。全世界的記憶專家齊聚於這個競賽，背下並精準覆述各種不同的資訊來一較高下。

　　心智地圖是學習全新領域知識時不可或缺的技巧。利用這個技巧，能連起片段資訊，並找出看似獨立事件的關聯。

　　繪製心智地圖的方法如下：

1. 拿一張空白的紙並橫放。

2. 在正中央書寫或畫下你要學習的主題。可以用圖畫、字詞或句子，任何形式都可以。重點是你自己要看得懂。

3. 開始發展並釐清這個主題。從這個主題開始連線到其他事物，用輔助關鍵字詞或圖畫標記這些事物。

4. 思考這些事物間的因果關係。什麼會影響這個中心主題？它會引發什麼？它代表哪些危機？它由哪些元素組成？這些問題都根據該主題而定，可能有成千上萬個。但別在這一步花過多時間。有可能在建立這張地圖的過程中，有些線條就自動交會，有些永無交集。

5. 接下來每條連線都比照辦理：將每個連線都當作單獨主題探討，包括每一個頭和尾，然後從頭或尾端再畫出新的分支，用新的關鍵字詞或圖像標示。

6. 持續從中央往四周畫出分支，直到所有的想法都躍然紙上。

以下這些訣竅會讓這張地圖更有效用：

1. 用圖像代表字詞和概念會更好，就算畫得不好也沒關係。
   因為這樣更好記。
2. 如果使用字詞，一個概念只要用單一個詞代表，超過的話
   會讓地圖變得冗贅難懂。
3. 越遠離中央的字詞和線，就寫或畫得越小越細，這樣可以
   顯示出每層資訊的重要程度。
4. 使用多種顏色。
5. 用線或箭頭連接相關的概念，或是圈在一起。
6. 每個概念盡量不要連線超過7個分支。如果需要更多就建新
   的一層。

　　一張完整的心智地圖，外觀像是神經元，中央有一個大圖
像，周圍有許多樹枝狀的分支。下頁的範例，是一張描寫記憶術
三大原則的心智地圖。

　　心智地圖的好處是容易觀察，因為資訊都呈現在同一頁上，
很容易看出這些資訊的結構，以及其構成元素之間的關聯。地圖
本身也應對三大記憶術原則：聯想（所有資訊都相連）、畫面（
資訊視覺化呈現）、情緒（顏色、劃線與字體反映作者的情緒）。

　　P.S. 要保護好隱私。完成心智地圖並記下內容之後別忘了銷
毀。

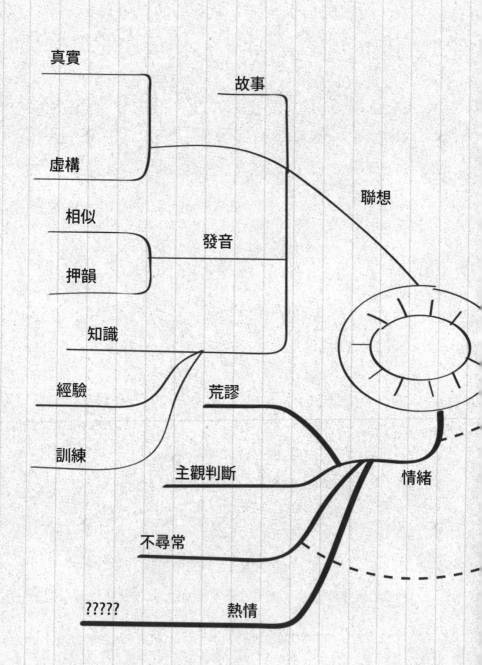

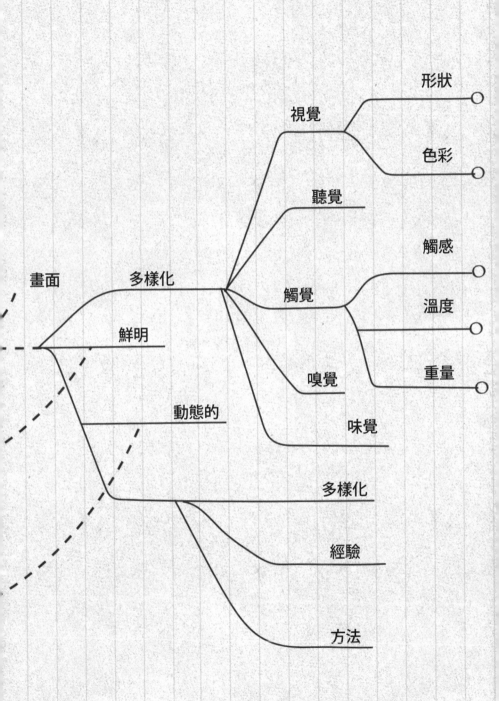

自我測驗

用心智地圖描述昨天與明天的行程。用標示的大小反映花費的時間，用色彩象徵某行程的重要性。

筆記欄

1955年5月23日
莫斯科

<u>阿根廷人士荷西·阿爾瓦雷茲調查檔案</u>
（案件編號 #283）

將柯瓦列夫與荷西·阿爾瓦雷茲的相片，拿到離莫斯科大學哲學系20分鐘車程的「尖端」咖啡廳，名為杜只柯夫的服務生指認出兩人。該服務生於4月21日，即柯瓦列夫死亡當天值班。兩人共點一瓶酒。只有年輕那一位有點食物。年長的那位買單。

杜只柯夫對他們印象深刻：年輕那位面露不安，似乎很緊張，想趕快離開。該外國人則安慰他並勸他留下。

第二分局首席行動指揮官
少校 洛斯拉夫斯基

1955年7月2日

布宜諾艾利斯。從沒想過人生這麼快就會走到這一步。

系主任辦公室的人聽說我受邀去心理學研討會時，大家心情不太爽。

我寫文章的速度從來沒這麼快過。不過老實說KGB的資料庫對心理學史研究者而言真的是藏寶庫。我的報告審核通過了。相關文件很快就辦妥。任務教學非常詳細，我花了滿久去消化。因為本地反情報組織可能在監視我們，所以我必須格外謹慎。

不過我可能錯失良機了。六到七月是阿根廷的冬天，這裡溫度大約華氏11度。海灘空無一人。莫斯科現在可能比這裡還暖一點。

這裡的階級不平等很明顯。我們被告知，為了安全起見，不要和阿根廷的窮人接觸。但就算他們不說，我也不打算接近那些人。

幾個月前他們差點發起革命。天主教、庇隆派、工會、軍方。我不清楚細節，不過一切在阿根廷空軍投炸彈到總統官邸時告終。那個空軍將領據說也加入了反叛軍。死傷人數未公開。炸彈與爆炸的痕跡遍布大街小巷，非常駭人。你可以看到人們走過某些地方時會雙手合十。有人跪下哭著祈禱。這點和莫斯科的信教者截然不同，他們就算會禱告也是私下，所以不會有人看到。

他們根本不該在這種時候放我們到這個國家來吧？！就我的觀察，庇隆也離下臺之日不遠了。

西班牙文很難。我之前學的和這邊的人講的很不一樣。而且速度好快！腔調好難懂！！！一開始別人講話我一半都聽不懂，現在我大概能判斷了，還算能和當地人溝通。異鄉異語和異文化，迫使腦袋全力運作。這裡外國人很多，但我得學著融入，不能太顯

眼。這可得花一番功夫。要更仔細觀察並留意細節。
每天回家之後倒頭就睡死了。

1955年7月11日

我比較習慣這裡的事物了。文化衝擊期已經過了。
工作並不輕鬆。蒐集關於阿爾瓦列茲的情報任務緩
慢進展中。比起俄羅斯人，阿根廷人對陌生人友善
很多。或者是因為我已經累積很多問題以及和人
溝通的經驗。
警察那邊就比較難處理了，但沒有想像中困難。在
這裡，錢可以買到任何事物。

探員匯報

- -

回覆：案件編號 #283
1955年6月2日
來源：西莫尼德斯
收文者：少校 洛斯拉夫斯基

- -

關於柯瓦列夫生前數週行蹤

詢問柯瓦列夫的鄰居後得知，他在生前兩個月舉止怪異。於蘇聯軍人節慶祝活動期間，他顯得「愁雲慘霧」，從那之後就鬱鬱寡歡。不與人接觸。先前投注心力撰寫的論文進度幾乎停止。

柯瓦列夫通常一週在檔案室工作三天。但2月23日開始就沒有在檔案室出現過。

合理推論柯瓦列夫在警方於3月2日收到伯恩斯坦的失蹤報案之前，已先得知此事。

#479

★腦力訓練：地圖（第二級）

　　這次用另一張地圖，設計長一點的路線。可以先從自己熟悉的地區著手以利記憶。給自己一分鐘寫下路線指示。走過地圖上指定的街道，想像左右兩邊會看到的建築、公園、池塘、河道。在路口轉進巷弄。記住這些街景帶給你的印象。

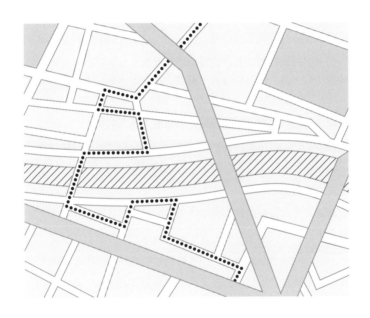

加密訊息

- CONFIDENTIAL

回覆：案件編號 #283
1955年7月3日
來源：西莫尼德斯
受文者：少校 米洛斯拉夫斯基

- -

荷西・阿爾瓦雷茲調查報告

荷西・阿爾瓦雷茲，阿根廷公民，出生年：1907。居住於布宜諾斯艾利斯。

為拉丁美洲與歐洲的數個雜誌撰寫藝術類文章。身兼教職。經常出差旅行。與博物館工作人員、藝術史學者、蒐藏家與藝術迷皆有來往。無外交豁免權。

會說英語、德語、西班牙語和法語。俄語溝通能力尚可。

善於交際。詼諧幽默。熱愛攝影。拍攝許多照片贈送他人，藉此建立人脈。

與許多知名藝術家如巴勃羅・畢卡索、薩爾瓦多・達利、胡安・米羅等人熟識。

經常到蘇聯，尤其是莫斯科與列寧格勒。結交許多於博物館工作的友人。

根據其友人所述，阿爾瓦雷茲出身平凡。大半輩子在阿根廷渡過，近年才開始出國旅行。但此事有待證實，因受訪者都認識他不超過一至兩年。

阿根廷警方告知我方，藝術品只是其因興趣發展的副業。之前在戰時他的職業是縫紉機販售公司的旅行推銷員。

於1955年1月14日至4月23日間，荷西・阿爾瓦雷茲人在莫斯科。據稱此行來蘇聯目的是與列寧博物館合作撰寫俄羅斯藝術相關文章。期間至列寧格勒數次。

於布宜諾斯艾利斯

#418

加密訊息

- -

回覆：案件編號 #283
1955年7月25日
來源：西莫尼德斯
收文者：少校 洛斯拉夫斯基

CONFIDENTIAL -

取得機密文件偽裝行動報告

於7月18至22日參加於布宜諾斯艾利斯舉辦之國際心理學研討會。
代表莫斯科大學於心理學史議程發表「揭發1936-45納粹心理學不
實研究」。引用研究單位與大學之資料皆有標註。

演說完畢無人當場提問，但休息時間有數位研討會主辦單位成員表
示對此主題有興趣。這些人皆為科學家或講師。名單與職稱如附
表。

配合本次行動名義，我向每個與我接觸者提出共同進行納粹德國心
理學史研究邀約。2個講師表示願意赴蘇聯進行研究：羅馬尼亞籍
德古拉·拉杜與阿根廷籍荷西·阿爾瓦雷茲。

後者並非專業心理學家。他是藝術史學者，在拉丁美洲與歐洲各地
數所大學教授藝術理論。因正在撰寫關於繪畫的美學認知專書，所
以對心理學史感興趣。經常待在蘇聯地區。將在十月赴莫斯科參加
拉丁美洲原住民繪畫展。

於布宜諾斯艾利斯

#378

★腦力訓練：字詞清單（第四級）

　　記住字詞的技巧也能幫助你準備演講，以及吸收閱讀的內容。另外，練習記住清單，還能增進注意力和想像力。快速視覺化字詞與概念的能力，會增強記憶力，增加思考的深度。

　　試試看用故事記憶法與位置記憶法記住10個字詞的清單，規律練習，用其中一個方法記住2至3個清單後再交替。

生活習慣與記憶

　　情報員的日常生活和課本上教的健康生活差了十萬八千里。心理壓力和缺乏休息會讓工作表現變差。如果是喜愛尋求刺激，經常遇見難以預測的風險的探員，會面臨更多挑戰。

　　情報組織並不鼓勵罔顧身體健康、遑論不顧安危的作法。畢竟探員受雇後的訓練要花很長時間，而且他們掌握許多重要人脈。有許多訣竅能讓情報員生涯維持得更長久。

　　要如何保持優良的表現和產能？可以注意以下幾個方面：

- ‧適當的營養
- ‧運動
- ‧有效作息規劃
- ‧心理健康與紓發長期壓力

　　接下來會就這幾項建議詳細介紹。

★腦力訓練：舒爾特表（7×7）

下面的舒爾特表比之前的更複雜，共有49格。越快完成越好，不要把目光從中央格移開。七宮格就像一個大型訓練場，挑戰周邊視覺的外緣極限。

35	39	32	28	5	23	22
16	2	44	12	42	3	30
7	36	9	10	33	24	48
11	13	38	4	26	47	45
19	43	34	46	49	37	15
8	1	41	6	14	40	25
21	18	27	31	29	20	17

大腦所需營養

人腦佔全身重量的2%，卻消耗20%的能量。為了讓神經系統維持高效運作，必須在飲食中攝取這些營養：

- 蛋白質（優格、堅果、蛋、魚類）
- 複雜碳水化合物（全麥麵包、全穀麥片、硬質小麥麵條）
- 健康油脂（海鮮、初榨橄欖油、鮭魚、沙丁魚、鯡魚、酪梨）

蛋白質是有機生物的生存關鍵，若缺乏時會造成疲勞、降低傷病復原速度。

碳水化合物可提供大腦所需能量，但不宜過量攝取。在攝取糖分幾分鐘內，碳水化合物會開始讓血液中葡萄糖濃度升高。而胰島素釋放會降低血液葡萄糖濃度，因此大腦仍無法得到營養。更好的做法是食用「慢碳」，如：雜糧麵包、糙米、豆類等等。這些碳水化合物釋放葡萄糖到血液裡的過程較慢，較易吸收，且能提供給大腦更長時間的營養。

因為大腦的60%由脂肪組成，千萬不要嘗試零脂肪飲食。當然，不是只要吃油膩的食物就有用。氫化油脂如人造奶油對神經細胞有壞處，因為它會妨礙廢物排泄的過程。盡量不要吃含植物性油脂的食物，但是未精緻的植物油是有好處的。未精緻植物油會清理血管並促進血液循環。

大腦的重要生理功能之一是促使我們覓食。飢餓的程度會決

定大腦的活動。如果肚子很飽，大腦會減緩運作速度，造成暈眩感。在進行重要任務前不要吃大餐，因為輕微飢餓感會刺激心智活動。

關於刺激性食物如咖啡和茶的爭論很多。當然，喝一杯咖啡可以喚醒身心，讓精神變好，但長期飲用大量咖啡會導致成癮，且有嚴重副作用。建議使用天然刺激物時適量最好。

要多補充水分。脫水會嚴重影響身心表現。

自我測驗

發明心智地圖的英國心理學家名為？

A) 邁爾士・赫斯東

B) 邁克爾・盧特

C) 托尼・布詹

D) 亞歷山大・哈斯拉姆

體能活動

　　體能活動對心靈健康的好處人人皆知。運動會增進幸福感，改善血液循環，增強血管的彈性。規律運動會增進內分泌系統功能並緩和情緒、紓解壓力。這些都對心智表現有正面作用。較複雜的動作也能訓練心智和記憶。大腦負責認知的整合皮質（association cortex）位於負責收縮與放鬆的運動皮質旁。運動皮質受刺激時會活化整合皮質，所以運動會讓我們變聰明。這在兒童身上更為明顯，運動能力發展與智力發展經常呈現正相關。

　　體能活動會活絡身心。昏昏欲睡的時候就做點運動：轉轉頭、甩甩肩膀、蹲個幾下、或做伏地挺身。嘗試解決問題而陷入瓶頸時就去散散步。雖然意識中的思路會暫停，但是潛意識仍會繼續尋求解答。出乎意料的聯想和新想法就會出現。

　　有一個方法能幫助你快速活絡身心，也許對武打迷來說並不陌生。站起來，深吸一口氣，緩慢把雙手舉起，再吐氣，快速把手放下，縮小腹。血液會從臟器流向四肢，氧與營養會被帶到腦部。

作息與記憶

在規劃一天行程時，要考慮自己的生理時鐘。有些心理學家主張所有人的天然生理時鐘事一樣的。在早上睡醒之後，精神會很好，到了晚上就變差。如果破壞作息，像是晚起或熬夜，會讓精神狀態在晚上變得高昂。晨型人改變生理時鐘後可能變成夜型人；本來是夜型人，也有可能在試著改變作息後發現早晨其實效率很高。

為了避免打亂生理時鐘，假日也不要和工作日的作息差異太大。隔天不用早起，就會有晚睡的誘惑。你要努力抵抗，不然可能會錯過自己最有產能的好幾個小時！

根據大量樣本數所做的生理時鐘實驗顯示，一個人的心智能力在早上8到12點左右達到顛峰，吃完午餐後會大幅下滑，然後漸漸回升，到晚上再度下滑。這個模式可套用在多數人身上，但還是有個體差異。觀察和實驗是了解自己生理時鐘的最好辦法。

睡眠品質會大幅影響健康、工作表現和心理狀態。睡眠不足會讓人難以控制行為與情緒反應，使人變得焦躁、不講理、出錯率更高。

睡眠品質也會影響記憶力。有些理論提到，白天大腦會處理接收到的資訊，並在睡眠時形成長期記憶。實驗證實，睡覺時不只會儲存資訊，還會儲存複雜動作能力。睡眠品質佳是所有專業能力教育與訓練的先決條件。

為了達到深層睡眠並真正放鬆，在睡前不要過度用腦。讀本

書或散個步。不要使用電腦或看電視，因為這些活動會擾亂神經系統，造成淺眠且無法真正放鬆。

　　情報探員常常沒時間睡覺，可能因此產生突發的暈眩。這種情況發生時，可以找個舒服的地方小睡20分鐘，但是不要超過。睡著後大腦會立刻進入淺眠狀態，可以很明顯在腦攝影圖上以幅度大的 θ（Theta）波辨識出來。在此睡眠階段很容易被叫醒。睡著後20分鐘就開始進入深層睡眠，腦波主要波形轉為頻率較低的 δ（delta）波，如果人在此低頻腦波睡眠階段被叫醒，會較呆滯且心情差。為小睡時間設20分鐘的鬧鐘或請別人叫你起床。大部分情況下，這已足夠消除疲勞，讓你完成手邊的工作。醒來之後再喝有提神作用的茶。

練習

　　用一到兩週的時間觀察自己的狀態。用-3到+3共7分的量表，評估自己的工作表現，一天內紀錄數次，做成圖表。總結這些數據，就會得到自己每日工作表現的循環圖。之後實驗看看不同的作息行程，觀察自己的感受。說不定能找出更有效率的作息規劃。

　　製作行程表時，把最困難的任務擺在一天中工作最有效率的時段。

★腦力訓練：火柴（第四級）

　　這次的火柴練習更困難了。現在，你要記住火柴擺的形狀，以及每根火柴頭的方向。

　　學習成為情報員很困難。但是請記得蘇聯軍隊的銘言：「士兵要恆常勇敢忍耐軍隊訓練的一切艱難困苦。」

向拖延症說再見

　　情報工作不只是工作。它是需要高度紀律的生活方式。尤其是沒有一件事情有拖延的空間。情報員的生活只有工作，沒有時間看新聞、讀書、泡咖啡。

　　為了不浪費時間，自我管理的技巧很重要。以下是一些訣竅：

1. 寫出任務目標。清楚定義並說出進行這個任務的理由。想像一下任務結果。做這件事對任務有助益嗎？

2. 將任務分為數階段，每一段要有能清楚查核結果的目標。不要畫大餅。建議劃分為兩到三階段。完成任務時的成就感也是重要的一環，要給自己一些獎勵。自我回顧這一天做了什麼、完成了什麼目標。

3. 一次專心做一件事。

4. 減少外界刺激。把手機關機。不要邊工作邊看電視。許多實驗清楚顯示人聲會影響工作，降低產能。戴耳機，聽一些讓自己能靜靜專心工作的音樂。

5. 關掉郵件和社交軟體通知。如果你不控制資訊，資訊就會控制你。

6. 工作之前整理桌面。收心能幫助你進入有效率的工作狀態。

7. 把工作與休閒時間分開。不要同時做。如果全心投入工作，就能空出時間好好休息。查看電子郵件和上網無法讓人放鬆，尤其需要工作時更是無法這麼做。

8. 如果你覺得難以進入工作狀態，可以試試以下技巧。工作30分鐘不要分心。如果找不到手邊工作的節奏，就花15分鐘休息一下，或先做別項工作，再繼續做手邊的工作30分鐘。這時你大概就能投入了。只要開始投入，就有辦法繼續做下去。

專注與控制注意力需要努力，但是進入狀況後，就更容易專注。自動的注意力會取代刻意專注的注意力。

9. 為產能很高的日子慶祝一下。買禮物犒賞自己的成就。如果這週表現很好，週末去買本好書或去吃大餐。好心情會給予成果正向回饋。

10. 用本書介紹的練習管理注意力，能幫助你克服拖延症。掌握注意力的技巧越好，工作會越容易上手，休息帶來的滿足越高。

練習

試著在不方便或容易分心的場合工作，訓練專注力。開電視節目，打開窗戶，或到嘈雜的地方。時間久了，再增加難度，同時開電視和電臺。

一開始會感到困難和厭倦，所以完成時好好休息一下。

心流

　　美國心理學家米哈里·齊克森（Mihaly Csikszentmihalyi）在研究主要人格特質時，發現每個人在工作時，都會進入一種投入於工作的心理狀態。齊克森將此狀態命名為「心流」（flow）。

　　在心流狀態中的人會：

· 清楚此項工作目標
· 專注於工作，不因其他想法分心
· 不會意識到自己，自我批判的功能會關閉
· 時間感改變：有時一不經意就時光飛逝；有時時間比想像來得長，能比預期完成更多事
· 反應很快：能立刻看出工作成果，據此調整工作方式
· 能力與問題相符：工作不會簡單到覺得無聊，也不會困難到完全無法勝任
· 感到自己能掌握情況與結果
· 享受工作過程，不須強迫就能自動自發去做

　　雖然每個人找到工作心流的方式不一樣，但是有幾個可參考的大方向：

- 設定目標
- 專注於工作
- 留意工作結果：持續注意工作結果是否符合你對成功的評量，以解決問題為導向
- 如果感到無聊，試著調整難度，或力求比前一次做得更好
- 如果感到太困難，加強自己的技巧

　　在心流之中沒有拖延症的容身之處。自我觀察，學習各種方法以找到自己的工作流動。

練習

　　回想自己曾經進入心流的時刻。當時在做什麼？和誰在一起？地點在哪裡？周圍有什麼？在什麼狀況下開始工作？接下來發生什麼事？感覺如何？這幾次進入流動的時刻有什麼共通點？

　　試著重建這些場景，看看能否再次進入流動狀態。

一心不二用

當工作佔據你的全部，當天安排的事都沒時間做了，你可能
會想一心二用，尤其是在工作被打斷的情況下。

例如，你想在擬一份簡報時順便查看郵件。因為邊思考比較
難寫的段落，邊切換到郵件視窗，不是很合理嗎？

但是請不要嘗試同時做兩件事。也許你省了一點時間，卻在
報告中出錯或漏掉重要郵件。而且這樣很容易一下就累了。

一開始要變得專注很難，不過一旦埋頭進入工作狀態，就比
較容易保持注意力，省下大量的精力。

要體會切換注意力有多難，可以進行一個小實驗。閱讀以下
陳述，評估每一項的真實性，並且記住每句第一個詞。

狗會游泳。

青蛙沒有鬍鬚。

手肘之於手臂，等於膝蓋之於腳。

火車用來載客。

大象不是肉食動物。

魚生活在空中。

青蛙在水中無法呼吸。

現在不要看以上的句子，回想每句第一個詞。正確答案如
下：狗、青蛙、手肘、火車、大象、魚、青蛙。是否覺得很難背

呢？這是因為需要判斷真偽這個任務影響了記憶過程。

再者，在不同任務間切換很消耗能量，讓你無法進入工作流動並樂在其中。

★腦力訓練：字卡配對（8×6）

現在挑選24對字卡組，排成8行6列。訓練自己的工作記憶，試著翻出配對字卡。如果記住這麼大量的字卡對你而言還太困難，就先分成小部分，例如先以找到8組字母為目標。

1955年8月1日

我回莫斯科將近一週了，還是難以忘懷阿根廷之
旅。太多體驗，不同語言，好多工作，時區也不同。我
半個白天都在睡覺，晚上熬到半夜才睡。害我腦筋
也不清楚。我隨時都想找人吵架什麼的。

近一個月的旅程幾乎被工作塞滿。我每天都要在巨
大工作量中平衡，免得過度操勞。我把最重要的工
作安排在每天的黃金時刻。目前只有早上9點到11點
這幾個小時。我盡量在白天找空檔睡個15到20分
鐘。逼自己有規律運動時間，去晨跑和游泳。這樣
我會更清醒，也更容易入睡。

1955年8月5日
莫斯科

阿根廷公民荷西・阿爾瓦雷茲調查行動檔案
（案件編號 #283）

據探員情報，荷西・阿爾瓦雷茲已列入第二分局觀察對象。已派員在數個場合跟監，跟監結果皆顯示不需再繼續觀察。

阿爾瓦雷茲亦引起警方注意。尤其莫斯科犯罪調查局更懷疑其非法販賣藝術品，但尚無罪證。

阿爾瓦雷茲的調查檔案中有探員跟監過程拍下的照片。警方在照片登錄過程，發現其與通緝中的納粹罪犯艾利西・芬克（Erich Finke）長相相似。然而犯罪調查局探員尚未進行調查確認他們是否為同一人，因此未針對此事採取行動。

根據現有資料，阿爾瓦雷茲在1955年10月會到莫斯科參加拉丁美洲藝術展。

行動：在其抵達後開始進行跟監（代號「善良的靈魂」）。若有餘力則以偽裝身分盤查其行李。

第二分局首席行動指揮官
少校 米洛斯拉夫斯基

壓力與記憶

　　情報探員的生活永遠伴隨著壓力。不過和一般大眾認知不同的是，壓力並非都是不好的。適當時機給予壓力，可使人進入強化狀態，感官變得精準，思路清晰，身體有相應的行動力。亦即壓力使身心能力增強。但是過度累積壓力卻會摧毀一個人。長期承受壓力而沒有定期修復將會耗盡生命。疲勞會影響工作，使認知能力鈍化。精力耗損的探員，對情況的危險程度要馬高估或者低估，而兩者都會使探員出錯。

　　長期壓力對記憶也有不良影響。動物實驗指出，情況不利時，海馬迴（位於大腦顳葉中間，負責長期記憶功能）會縮小。研究亦證實，面對長期壓力的人們會出現記憶與回想能力障礙，類似記憶干涉的現象。

　　許多壓力後（post-stress）的處理技巧都以放鬆為基礎：自律訓練、冥想、瑜珈、伸展等等。有豐富文獻記載這些技巧。然而，面對慢性壓力，預防仍勝於治療。定時休息，不需要處理的問題就放下，不要再當完美主義者。

★腦力訓練：字詞覆述（第四級）

　　情報員通常沒有第二次機會看到機密文件，所以他需要一次記住所有資訊。在這項練習中，增加待記清單字詞的量，使用位置記憶法或故事記憶法輔助。

1955年8月23日

於柏林。

正在翻閱身在東德的同伴掌握到的RSHA檔案。想要搞清楚德國人到底在做什麼實驗。我心情好差。我跟同伴去了趟拉文斯布呂克和薩克森豪森，雖然沒參與任務，但親眼見證了一切。

我也嘗試尋找達豪集中營倖存者。也許他們會幫助我找到串起伯恩斯坦、柯瓦列夫和阿爾瓦雷茲等人與遺失檔案的關聯。

柏林生氣蓬勃，但有些地方仍殘留戰爭的痕跡。不過就連廢墟與瓦礫都散發德國式的秩序與嚴究感。有人建議我不要造訪西柏林。

加密訊息

- -

回覆：案件編號 #283
1955年9月3日
來源：西莫尼德斯
收文者：少校 洛斯拉夫斯基

- -

艾利西·芬克背景調查

我在柏林期間，以撰寫西柏林心理學史研究報導之名義，進入德國國安局RSHA檔案庫。另外與幾位前達豪集中營俘虜進行多次會面

他們現居開姆尼茲（前卡爾馬克思區）、哥利茲、法蘭克福等地。

除此之外，我也給他們看西格蒙德·拉舍爾、恩斯特·霍特史列那與愛德華·伐伊特的照片。荷西·阿爾瓦雷茲的照片也在其中。前受俘者皆指認出西格蒙德·拉舍爾、恩斯特·霍特史列那與愛德華·伐伊特在達豪集中營工作過，也認為阿爾瓦雷茲與另一位集中營人員艾利西·芬克長相相似，但沒有人完全確定他就是照片中人。

他們指出芬克是「殺人醫生」西格蒙德·拉舍爾一夥人之中的心理學家。這組人在達豪集中營進行了人體實驗。

受訪者亦指出艾利西·芬克與恩斯特·霍特史列那也在赫爾曼·戈林指示下進行了人體極度冷凍實驗。集中營俘虜穿著納粹德國空軍制服被浸入冰水，之後以各種方式回溫。這些實驗同時用於測試飛行員制服及找出人體失溫後恢復的最佳方式。

根據檔案所述，有上百人被當作失溫實驗對象。而實驗後的倖存者也立刻在拉舍爾命令下遭滅口。

於柏林
#560

CONFIDENTIAL

年齡與記憶

　　不幸的是，記憶力會隨年齡增長而退化。藉由適當的營養、運動、及工作與休閒的平衡，可以減緩記憶退化，但最終無法避免。這是生理心理學上的事實。然而實際的記憶內容非但不會隨年齡退化，若無相關疾病者還有可能增強。

　　記憶能力強弱取決於豐富的聯想，這個聯想資料庫隨經驗累積而增長。年歲使人發展出面對這個複雜世界的實用知識。就像一本日記，記錄經歷的事件與想法，學習如何處理大量資訊，分辨事情輕重順序。

　　記憶術也能讓記憶力增強。

　　所幸，雖然探員不一定記得近期發生的事，但他學到的技巧一生受用。專業技能可以維持很長的時間，甚至終身不忘。在許多案例中，記憶受損的人仍然記得如何使用其專業技能。有這種狀況的人經常無法解釋自己在做什麼，也不記得在哪裡、怎麼學到的。專業養成的習慣能幫助高齡人士在職涯停止後多年仍保持自我認同。例如你可以從體態與端正的步伐認出退休軍人。

第 4 章 行動探員 189

自我測驗

為什麼尖端咖啡廳服務生杜只柯夫會記得1955年4月21

日造訪的柯瓦列夫與阿爾瓦雷茲（可複選）？

A) 他們付很多小費

B) 他們舉止怪異

C) 服務生說其中一位是外國人

D) 服務生在他們一起用午餐前就看過柯瓦列夫

第 5 章

行動指揮官

　　行動指揮官（operative）是情報與反情報組織中最操勞的人。他們與探員共事並進行指導，在調查過程負責質詢並主導外部跟監。他們是無所不知的偵探。沒有他們就沒有情報組織。

　　行動指揮官的工作很複雜，職業門檻很高。他們必須熟悉心理學，知道如何投人所好；需要超群的智力，能夠比較並統整資訊；需要很強的工作能力與抗壓性；能夠守口如瓶，否則不但任務失敗，連自己或下屬的性命都不保。更不用說，他們必須要有準確無誤的記憶。

記住人臉與名字

情報探員也需要記住「人」。不只是姓名和長相，只要有助於未來建立人脈的線索，包括外表特色、興趣、休閒、嗜好、弱點與過往經歷，全部都要記住。人類是社交動物，人臉辨識的能力就寫在基因裡，但是別人的名字、喜歡的酒類、興趣嗜好等，就得多花費心力記住。最好的辦法，就是和長相做聯結。

仔細觀察對方。注意任何不尋常的特徵。無論什麼事物都有可能：額頭特別高或小，鼻子或耳朵形狀很特別，雙眼間距寬窄，臉頰的酒渦，身上的痣或疤痕等。接著編一個能連結名字和特色的故事，並加入主觀情緒讓這個人和故事更好記。你個人喜不喜歡對方的特徵呢？理由是什麼？

剛認識一個人時，注意看對方的臉，聽對方的聲音。把這些不尋常的外表特徵賦予畫面。可以的話，和對方說話時以名字稱呼。用畫面回想對方的名字。如果忘記了，別猶豫，再問對方一次。

練習

在報章雜誌上的人像照片中找出他們的特徵。我們很擅長辨識人臉，能自動找出不尋常的特徵。

一開始從當地常見的的臉孔開始，接著繼續找不熟悉的人種長相來練習。

CONFIDENTIAL

1955年9月7日
莫斯科

因西莫尼德斯身分有暴露的危機，我建議其以撰寫論文為由暫停在
哲學系之工作。

我要求將西莫尼德斯納入第二分局行動指揮官之列。其經歷適合為
我單位調查此案並連繫莫斯科大學哲學系之探員。

第二分局首席行動指揮官
少校 米洛斯拉夫斯基

1955年9月13日

今天是我最後一天上班。我離開在大學的工作了。
不知道接下來新的偽裝身分是什麼。

柏林之旅結束後，我開始在大學裡受到注目，有人
會在我背後講悄悄話。9月2日有辦一場開學的大型
派對，克拉夫恰克空腹喝太多伏特加，醉醺醺地戳
我肚子，說我是叛徒、想要找他去當間諜。每個人
都尷尬呵呵笑然後沉默。

我告訴直屬主管這件事了，現在不知道成為單位正
職人員到底算升遷還是懲處。

CONFIDENTIAL

探員匯報

- -

回覆：案件編號 #283
1955年9月15日
來源：麥可
收文者：中尉西蒙諾夫

- -

柯瓦列夫生前數週行蹤
（錄音檔逐字稿）

柯瓦列夫的宿舍鄰居告知我，他死前不久正在閱讀列昂尼德・安德烈耶夫（Leonid Andreyev）之著作《加略人猶大》的重印本，情緒深陷其中。

該書主要描寫猶大的道德兩難。安德烈耶夫撰寫的版本中，猶大背叛耶穌使祂受死，只是為了使先知的預言實現，使耶穌的教導不被世人遺忘。安德烈耶夫認為是猶大成全了耶穌的命定。猶大犧牲自己，其背叛事實上出於善。

柯瓦列夫深受此故事震撼，好幾週都受其影響。雖然閱讀此書帶來可能被大學退學的危機，他仍保留該書，逢人就談這個故事。線人亦回報，柯瓦列夫向其重述故事大綱及主旨後進行一番長談，詢問其若身為故事中的猶大，會如何選擇。

735

- -

備註：磁帶已消磁

CONFIDENTIAL

1955年9月21日
莫斯科

<u>阿根廷人士荷西‧阿爾瓦雷茲調查行動檔案</u>
（案件編號 #283）

以下情報為德國國安局收到我要求後回報內容。

艾利西‧芬克（出生年：1905），職業為醫生。於納粹德國空軍醫院任職。1942年與西格蒙德‧拉舍爾共同參與達豪集中營人體冷凍實驗犯行。

艾利西‧芬克主要工作為心理藥物治療、催眠、群眾心智控制技術的應用。

芬克亦以喜愛義大利文藝復興繪畫出名，擁有大量繪畫收藏，其中很可能包括從集中營俘虜處強徵之私人財產。該收藏存放於其柏林自宅中。經常向同事與同好展示作品。在集中營期間會與俘虜討論藝術，但仍繼續對俘虜進行人體實驗。

根據文件所示，艾利西‧芬克在1945年霍爾斯坦地區諾伊斯塔特軍醫院死亡，死亡日為德國投降前三天。然合理推論其死亡證明為造假，本尊逃亡至拉丁美洲。芬克之收藏品在柏林被蘇聯軍隊攻佔前不久不翼而飛。

第二分局首席行動指揮官
少校 米洛斯拉夫斯基

記憶個人資訊

　　記名字的技巧如前述，可以和對方的特徵連結，並加入主觀情緒。而其他個人資訊也不只可以和名字連結，更可以和這些誇張的特徵連結。他人的喜好可以幫助你開啟共通話題。

　　例如，有位馬克‧沃克先生額頭很高，興趣有西洋棋、電視劇《家》。

　　覺得別人看足球賽很煩。那麼想像一下他那長得像棋盤的方額頭。這個棋盤中央有棟迷你屋，一群小朋友在迷你屋前面踢近身足球；足球突然從窗戶飛進去，打到電視機。一個氣呼呼的老人拄著助行器從迷你屋走出來，用紅筆寫了一張大大的告示「此處禁踢足球」，然後貼在門上。

　　經過練習，不消幾秒就能想像出畫面，而且久久難忘。

　　家庭是每個人生命中的重要層面，也是你能利用來獲取別人信任的方式之一。正確記住別人的家庭狀況很重要，不然可能會一不小心問一個沒有子女的單身漢「你兒子在學校還好嗎」。家庭狀況的資訊也可以和對方的特徵連結。以對方的家庭狀況，編出一個生動的特殊故事。

練習

繼續練習如何記憶報章雜誌中的人像。研究有趣人物的外表，記住個人資訊。這些情報將來會對你有用處。

★腦力訓練：個人檔案（初級）

閱讀新聞並記住其中人物的姓名與長相。注意不尋常的外表特徵。用生動的聯想把特徵與名字做連結。決定自己對這些人物的好惡。

CONFIDENTIAL

1955年9月29日
莫斯科

阿根廷人士荷西・阿爾瓦雷茲調查行動檔案
（案件編號 #283）

為對阿爾瓦雷茲進行深入調查，一名駐巴黎之蘇聯探員與法國藝術
蒐藏家和愛好者會面。他們證實阿爾瓦雷茲曾在巴黎舉辦私人畫
展。他們亦指認幾幅出現在阿爾瓦雷茲畫展之畫作，與德國人從占
領地區走私、應為艾利西・芬克所有之畫作相符。

阿爾瓦雷茲將於1955年10月抵達莫斯科。

第二分局首席行動指揮官
少校 米洛斯拉夫斯基

言語描述

描述人類外表的規則在19世紀為法國犯罪學家阿方斯・貝蒂榮（Alfonse Bertillon）研發，並因犯罪調查科學而有革命性的進展。這些技巧有助於指認特定人士，找出他們，並證明其是否出現在犯罪現場。

學習用言語描述個人外觀非常好用，有助於辨認出外觀分析時需注意的事情。之後這個技巧也能讓你更清楚記住別人。言語描述也容易向別人覆述，在保存或傳送目標照片有風險的情況尤為管用。這時，精確的言語描述能確保探員秒免於落入圈套。因為有時敵方的反情報探員會假扮成會面對象進行接觸。

現代形容人類的言語描述系統以四大特徵分類：

- 以解剖學觀點描述人體，如性別、年齡、身高等
- 動態觀點，可由動作觀察，如姿勢、臉部表情等
- 特徵描述，如疤痕、缺少之身體部位、跛腳等
- 其他特徵
- 如穿著與穿衣方式、飾品配件等

言語描述並非隨意描述臉部和外表，而是每種特徵都有特定指標。例如描述側面看額頭的形狀時，有斜、直、突出等形容詞。並非以單一類型描述一個人

口述的形容藉此變得極度簡單易懂。

以下是外觀言語描述的簡短範例。

1. 解剖學觀點

A) 性別

B) 種族、膚色

C) 估計年齡，以五歲為範圍。例如20-25、45-50。

D) 身高。

男性：矮　　（167.64公分以下，或5呎6吋以下）、

中等（167.64至175.26公分，或5呎6吋至5呎9吋）、

高　　（175.26至187.96公分，或5呎9吋至6呎2吋）、

很高（187.96公分以上，或6呎2吋以上）。

女性：以男性標準減去5.8公分或2吋。

E) 身材：輕、中等、壯、肥胖

F) 頭髮

- 髮色：黑、棕、深棕、咖啡色、金髮、紅、灰

- 髮質：直、波浪、捲髮

- 鬍鬚、鬢角、八字鬍

G) 額頭

- 高度：高、中、低

- 側面：斜、直、突出

H) 臉型

- 正面：圓、橢圓、長方形、梯形

- 側面：凸、直、凹

I) （白種人）膚色：蒼白、銅褐、紅、黃

J) 頭部形狀：小、中、大

K) 眉毛

　　- 顏色：淺、深

　　- 形狀：直、弓形、扭曲、一字眉

　　- 方向：朝內生、朝外生

L) 眼睛

　　- 位置：深邃、凸出

　　- 顏色：淺、深、灰、淺藍、深藍、綠、棕、黑

M) 鼻子

　　- 長度：小、中、大

　　- 寬度：細、中、寬

　　- 形狀：直、凹、凸、彎

N) 嘴巴

　　- 大小：小、中、大

　　- 嘴角：平、上揚、下垂

O) 嘴唇

　　- 厚度：薄、中、厚

　　- 上下唇相對位置：上唇凸出、下唇凸出、相同

P) 耳朵

　　- 大小：小、中、大

　　- 與臉部距離：招風耳、貼近臉部

2. 動態觀點

A) 步伐：快、慢、蹣跚、跳躍、搖晃、拖曳；跛腳，使用枴杖或丁字拐杖

B) 姿態：頭部傾斜與頸部前傾，即駝背、垂直，即背部挺直

C) 習慣動作：手插口袋、雙手下垂、雙手稍息、搓手；撫摸八字鬍、撫摸鬍鬚、搓額頭；咬指甲、吐痰、拿菸的方式

3. 特徵

疤痕、胎記、禿頭、多毛、刺青、臉部或身體不對稱、身體與其他方面特徵

4. 其他特徵

服裝、配件：注意個人穿衣風格、偏好顏色、衣著材質

練習

　　繼續使用人像照練習。用前述的分類法整理出人物外觀的言語描述。在看電影、看新聞、觀察別人時都可以練習。情報探員的觀察力包括兩個層面：能判斷何為重要，以及大量練習。

練習

　　與上一個練習類似，但我們提高難度。試著向別人用言語描述共同朋友或明星、政治人物，讓他們認出你在講誰。用前述分類法統整描述。猜完之後再換一個描述對象。

1955年10月2日

我整天都在為阿爾瓦雷茲的到來和跟他會面的事做準備。我不想唱衰自己，但我想面對真相的時刻要來了。希望別讓那個阿根廷人察覺有異就好。

我們通訊過程中聊的話題日漸增加而且越來越深入。不能有任何驚動他的舉動。我們在討論莫斯科有那裡適合會面。有的地方人太多，有的太安靜，有的又不利於外部跟監。

如果阿爾瓦雷茲真的殺了柯瓦列夫，那我就要提高警覺了。雖然我們的醫療人員保證絕對會救活我，但我也不想要有機會被下毒。他們開玩笑說「這樣殉職太光榮了」。

我最害怕的是調查觸礁。如果所有方法都沒用怎麼辦？

★腦力訓練：個人檔案（第二級）

　　在此練習中，你不但要記住這些人的長相與名字，還要記住生日與職業。能記住的資訊都盡量記，因為在本書終章，你要回想這些人物所有個資。祝賀生日是與有意接近的人維繫情誼或更新近況的好方式。

　　不只是在本書的練習中，在生活中遇見的人也能成為練習對象。你永遠不知道何時何處這些資訊就派上用場了。

姓名：亞雷克賽‧波波夫
生日：1971年3月17日
職業：外交官

姓名：迪娜‧佩特洛夫
生日：1978年12月3日
職業：清潔員

姓名：瓦西麗莎‧索柯洛夫
生日：1977年7月12日
職業：服務生

姓名：佛拉德‧米開洛夫
生日：1969年5月14日
職業：警察

姓名：茵佳‧伊凡諾夫
生日：1985年11月1日
職業：秘書

姓名：馬克西姆‧庫茲涅索夫
生日：1982年2月11日
職業：工廠作業員

自我測驗

標題 「柯瓦列夫生前數週行蹤」調查的內部信函之後，
接續出現的數字為？

A) 247

B) 346

C) 476

D) 125

E) 925

★腦力訓練：桌上物品（第三級）

　　記住物品位置會訓練記憶力與注意力，發展觀察技巧，幫助你整理想法。在現實生活中也試著做這個練習，記著書架上的書擺放位置，書桌上物品如何擺放，路上的車停得很好還是歪斜超線等等。

建立人脈

　　情報工作成也探員，敗也探員。探員原本只是擁有特殊人脈的普通人，透過金錢、恐嚇等管道，或因自身信念等原因而成為探員。但是與任何探員共事的共通點就是：招募與聯絡探員的成功關鍵在於溝通。只要是人，一定會想和他人順利交談，需要他人持續的關注與支持。就算探員是被迫從事這個工作，上司也需要嘗試建立信任關係。

　　一般情況下，有潛力成為探員的人，在首次與招募員接觸時會感受到無比壓力。他們不知道對方會做什麼，總覺得危機重重。此時最重要的是讓探員建立信心並解除緊張焦慮感。因此首次接觸潛力探員時，要以給予安全感為前提進行對話。

　　對方的嗜好就是很好的話題。每個人總有一些能滔滔不絕談論的興趣。無論多平凡的嗜好，例如集郵、下棋、攝影、橄欖球，或是比較罕見的，例如種仙人掌或書法。如果你剛巧找到對方的嗜好，那就閉上嘴靜靜聽他說。這麼一來就不用擔心怎麼開啟話題，反而要擔心怎麼結束。

　　如果你還沒發現對方的嗜好，可以試著猜測對方重視什麼，例如從對方的職業開始著手。和工程師聊聊汽車和機械，或和教師聊今天學生的狀況。人們很喜歡談論自己。你只需要聆聽，讓對話持續，就能找到對的話題。

　　在嘗試取得信任時，不要怕談論你不熟悉的主題。坦承自己對該主題的無知，多問多聽。誠心發問。沒有誠心發問，連你自

己都會覺得尷尬，對方也會立刻發現。

　　只要對話建立在安心感的基礎上，就能舒緩對方的焦慮，製造穩定感，還能藉此發現對方的優點。例如你會了解到對方是位有耐心、從容而善良的園藝師，聰明的工程師，或是喜愛小孩的教師。強調這些特質，清楚的表達對方應以此為榮。你可以說：自己和對方不同，沒有這些優點，並藉此表示對方高人一等。他們會感到志得意滿以及害羞一下，你就能趁隙轉移到本次會面真正的主題。

練習

　　人生中許多對話都膚淺而流於形式，像是和計程車司機、郵差、店員、髮型師、保全員打招呼等等。但是你可以利用每次對話訓練自己建立信任感的能力。和別人說話時試試猜測對方的興趣。向計程車司機搭話，問問他的經歷。或問問髮型師怎麼學剪髮的。購物時稱讚店裡的商品。對方的工作場所中如果有罕見的事物也會是開啟話題的好機會。多方嘗試，選擇各種開啟話題的方法。別忘了可以放下身段，承認自己沒有對方擁有的技巧與能力。

　　就算沒有從對話中獲得想要的資訊，也沒有損失，反而獲得寶貴的經驗。如果順利的話，更會學到許多有趣的事物。

「善良的靈魂」跟監報告

1955年10月12日
莫斯科

10月11日，目標抵達莫斯科並下榻大都會酒店。

10月12日11點15分至14點20分到特列季亞科夫美術館，期間由身兼該美術館服務員之第七分局探員監視。目標數度與其他參觀遊客談論畫作。並無任何交換物品動作。

於此同時對目標下榻房間進行搜查。未發現與情報活動有關之物品。然而存在一般搜查中可能被忽略之可疑跡象。衣櫃門上、內衣及吊掛之套裝有火柴棒殘留、襯衫鈕釦及報紙一角。所有證據皆在搜查後歸位。

目標的衣櫃中有11捲35mm外國製彩色影像母帶。人員查封其中1捲，並以外觀相同之膠卷替換歸位以避免目標起疑。

查獲隻影帶由實驗室鑑定。其中照片在某慶祝晚宴上拍攝。照片中可辨識出莫斯科大學心理學系講師羅曼諾夫、蘇聯檔案室檔案員伯恩斯坦與莫斯科大學研究生柯瓦列夫。照片中其他人身分尚在確認當中。

第七分局首席行動指揮官
上尉 尼基佛若夫

124b

★腦力訓練：桌上物品（第四級）

如果之前練習時，桌上的物品還不到5樣，就再增加。運用技巧記憶物品位置。可以想像桌面傾斜時物品會以何順序落下、在地板上的方位與位置為何。如果覺得不適合你，就設計一套屬於自己的方法。多方嘗試，探索自己的記憶力特質。

筆記欄

1955年10月13日
莫斯科

阿根廷人士荷西・阿爾瓦雷茲調查行動檔案後續
（案件編號 #283）

在布宜諾斯艾利斯心理學研討會談話過後，荷西・阿爾瓦雷茲提議
想見面討論合作計畫。會面時他提到自己正在撰寫藝術理論書籍，
其中一章需從納粹德國時期實驗心理學史取材。阿爾瓦雷茲表示希
望偵詢專業心理學家的意見，也願意支付顧問費用。他說自己已從
一間美國出版社拿到訂金。

我們討論到我撰寫的論文，提到取得文獻資料的方式。我向他展示
部分RSHA檔案文件複本。他也說到在為寫書取材時找到一些資料，
對我的論文可能有用，說不定我會有興趣。只要我協助他寫書，他
就願意提供這些資料。

會面最後，他請我將這次會面保密，他也保證不會向他人透漏。

第二分局第九支行動指揮官
中尉 西蒙諾夫

假身分

假身分是間諜對外聲稱的背景故事或個人生平，以便該探員從事情報工作。

假身分可為情報活動提供合理可信的理由。大部分探員為外國大使館的正式雇員。他們擁有外交豁免權，若身分曝光也不會被判刑。另外，他們當中有許多與各種人有公務往來，也就等於可以正大光明和其他探員合作。

探員通常偏好能接觸廣大人脈的職業，例如記者、商人、教師、科學家、藝術評論者或藝術品蒐藏家。這些職業能提供接觸重要人物的管道，萬一曝光也難以證明其從事間諜活動。

在派遣探員進行任務前，必須精密規劃假身分的背景故事。這個背景故事既要可信又不能太死板。其中夾雜真假資訊，在事實基礎上打造虛構故事。搭配文件與記憶細節佐證探員的虛構出身背景，以註冊資料證明就學與職業經歷。搬遷與換工作的理由也預備妥當。打造完美假身分的秘訣在於：事實難以證明，虛假之處亦不牴觸事實。

有時候還有候補的假身分，以防萬一第一個假身分被揭穿，用來緩和被揭穿的後果，並保護情報員旗下探員不受太大波及。

假身分通常不會直接由情報任務相關人士預備。情報探員的工作是正確記住這個假身分，投入角色，並在需要時精確重述其背景故事，而這任務可不簡單。

　　假身分的背景故事資訊量龐大，有重要的也有瑣碎的細節。在過去案例中，一位蘇聯臥底探員被問及之前住處樓梯上磨損的痕跡。經過察看，發現探員的答案與實際情況是一致的。

　　經驗老到經驗老道的探員可能掌握數個假身分供他把玩。在高度壓力的情況下，很容易混淆數個假身分之間的細節。

　　反情報組織也自有一套揭穿假身分的辦法。例如，請對方以倒敘方式，從現在往前回溯；問同樣問題但換句話說；延伸問題使其更廣泛，或反之，縮小問題使其更精確。詢問細節，再將回答與其他消息來源的資料比對。如果發現多處不一致與矛盾，甚至完全不符，那就很可疑了。

練習

　　回憶你的過去半年或一年。回想所有事件，越多細節越好。從這些細節，發展出一個合理的虛構故事。能用的資源全部都用上：家中存放的個人檔案、信件、帳單、地方新聞等。向親友與同事問出更多資訊。

CONFIDENTIAL

1955年10月15日
莫斯科

阿根廷人士荷西·阿爾瓦雷茲
調查行動檔案後續
（案件編號 #283）

1955年10月15日下午1點36分，阿爾瓦雷茲於大都會酒店大廳與探員西莫尼德斯會面時被逮捕。被拘捕當時，阿爾瓦雷茲身上攜帶達豪集中營實驗之照片複本（攝於德國，17張，15×20公分）。文件其中一頁可見蘇聯科學院印章部分痕跡。

阿爾瓦雷茲的房間已經過搜查。其公事包內含秘密夾層，從中查獲15捲35mm已加工黑白膠卷。

初步檢驗顯示其中部分文件複本上有納粹符號。

阿爾瓦雷茲堅稱從未看過這些影像，自己與此事無關。他宣稱自己只拍攝藝術品、莫斯科景色與朋友的照片。

第二分局第九支首席行動指揮官
少校 米洛斯拉夫斯基

1955年10月15日

好消息！阿爾瓦雷茲上鉤，被逮捕了！當場人贓俱獲。他連把照片丟掉的時間都沒有。每個參與這次帶捕行動的探員都比我經驗老道，會做事又值得信賴，簡直是直接把腦袋的記憶一字不漏抄下來。

雖然阿爾瓦雷茲被逮捕時一臉正經，也很冷靜，但是當照片被搜出時，可以看到他失去希望，開始擔心了。我想，這是我第一次感受到另一個人發出恐懼的氣味。

還有勝利的滋味！太甜美了！

★腦力訓練：地圖（第三級）

找不熟悉的地圖，設計一條更長、更複雜的路線。在腦海中想像走過這些街道的景象。特別注意轉彎處。街景是如何改變？你能看到什麼？來一場好玩又特別的虛擬旅行。加入一些生動精采的細節。

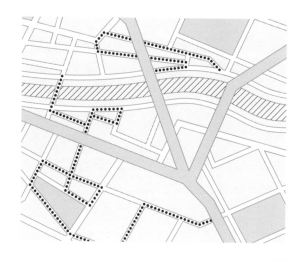

嗅覺記憶

氣味是所有生物生存必要的關鍵資訊。嗅覺是一種警告系統，在危險信號出現時、食物來源或另一個個體接近時通知我們。有些物種則以氣味為溝通方式。人類在進化過程中，嗅覺能力退化，但仍佔有一席之地。

人類的嗅覺記憶比視覺和聽覺記憶強烈很多。可能源自於嗅覺接收子接收嗅覺訊號的腦區與海馬迴有大量神經連結之故。海馬迴是負責長期記憶的部位。氣味能喚醒長久被遺忘的記憶與相連的情感。例如，家的氣味你永遠不會忘，一旦出現就會認得，帶你回到兒時的苦與樂。深愛女人的香水味，在分開多年後，仍會觸動男人的心，激起那些特別的情感。

與受失憶症所苦的病患工作的心理學家就知道，這些案例中，特別的熟悉氣味能幫助他們重建事件的記憶。催眠師也會使人專注在與某情境有關連的氣味，藉此讓人「進入」心中的情境。

你也可以利用記憶與嗅覺的關聯。如果要讓自己或要幫助記憶的對象沉浸在某情境，可以從氣味開始。

有時候氣味還會增強記憶。如果你想把晚餐時的對話記得更清楚，可以專注在食物的味道。從記憶中喚醒這股味道時，會加強連結，幫助你回想對話內容。

練習

　　如果你聞到一股熟悉的味道，試著回想你在何時何地聞到過。當時感覺如何？正在做什麼？和誰在一起？

自我測驗

根據下列何者可推斷柯瓦列夫與伯恩斯坦失蹤事件有關（可複選）？

A) 伯恩斯坦與柯瓦列夫交情匪淺

B) 柯瓦列夫避免出現在與伯恩斯坦相關的地點

C) 柯瓦列夫突然開始在意與背叛有關的道德議題

D) 柯瓦列夫換了論文主題

第6章

情報分析員

　　情報分析員（analyst）不像探員，常常被寫成電影裡的主角，但這並非意味分析員的工作不重要。情報分析員也是策略師。探員所蒐集到的資訊最終會一點一滴匯流至分析員這端。情報分析員要計劃任務，統整情報資訊並呈報給上級。

　　情報分析員的工作幾乎沒有危險，而且總是充滿樂趣，其實就類似偵探的工作。他們必須根據片段甚至相抵觸的資訊，重建當下狀況的全貌，判斷事件的因果關係。他們也可能要根據唯一的線索破解外國情報組織網。

　　最高級的分析工作是場複雜的情報戰，要利用雙面間諜誤導敵方，以假亂真、以真亂假，混淆對方以取得優勢。

　　經驗老道的情報分析員不用踏出辦公室一步，就能利用公共資源判斷他國的機密：文章與報導、謠言與說溜嘴的八卦等等。公共資源占情報資訊的七成，其中只有三分之一是透過秘密任務取得。

CONFIDENTIAL

1955年10月17日
莫斯科

機密文件遺失案件調查
（案件編號 #283）

分析RSHA文件，包括荷西‧阿爾瓦雷茲的影像中的複本，結果如
下。

文件包含在戈林設施的實驗結果，並附上艾利西‧芬克的報告與筆
記。芬克本人出現在數張照片中，被拍攝時正在說明實驗流程。由
多個角度拍攝且畫質清晰。由照片可清楚看出芬克與阿爾瓦雷茲為
同一人。

根據柯瓦列夫之筆記，他熟知找回的RSHA文件內容，本要用於撰
寫論文。柯瓦列夫有可能開始懷疑阿爾瓦雷茲與芬克為同一人，而
阿爾瓦雷茲（芬克）與伯恩斯坦失蹤一事有關。可能在發現柯瓦列
夫被KGB質詢後心神不寧的狀態後，擔心留下身為證人的柯瓦列夫
很危險而殺人滅口。

第二分局第九支行動指揮官
中尉 西蒙諾夫

★腦力訓練：地圖（第四級）

設計比之前都長且複雜的路線。任務相同，即根據建築物、河流與池塘、公園等街景重現路線

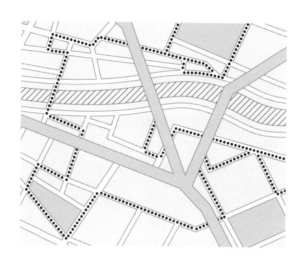

預期性記憶

　　預期性記憶（prospective memory）是指記得意圖或預定行動的能力。回溯性記憶是記得過去發生事實的能力，而預期性記憶則與未來有關，只限於想要做但還沒有發生的事。

　　記住未來的行為與一般的記憶啟動程序不同，因為與回想經驗或過去的記憶無關。自己的未來無法靠任何線索喚起，只能靠自己想起。這個關鍵差異可用一個例子說明：

　　回溯性記憶：妻子問丈夫有沒有買麵包。丈夫能輕鬆回想過去兩小時發生的事，以及自己有沒有去麵包店。妻子的問題成為刺激回憶需求的外部事件。丈夫不需要在特定時間主動回想。

　　預期性記憶：妻子叫丈夫晚上去買麵包。沒人提醒他下班回家途中要記得買麵包。他應該不會忘記妻子的要求，但因為沒有外部動機使他回想，在回家前會有忘記的風險。換句話說，預期性記憶包含兩個部分：關於該意圖的記憶，以及在適當時間回想起該意圖。

　　預期性記憶經工程學、飛行技術及軍事心理學家進行過完整的研究。大部分意外與災害都是人為的預期性記憶失誤造成：機具操作者漏掉了步驟，而骨牌效應導致糟糕的後果。空難調查顯示，機師與航空交通協調員大多在注意力轉移時犯下關鍵性錯誤。例如降落時，機組人員發現儀表板上的下鎖指示燈不亮了。機師必須確認機輪都已放下，但過程操作失當。

　　那顆暗掉的燈（事後發現）分散了機組人員的注意力，導致

墜機。

在飛行學中,有許多規則制定是以防預期性記憶失誤。這些規則將關鍵的步驟系統化,盡量避免依賴單一個人的注意力及記憶力完成。例如操縱飛機的程序是規定的條列待辦事項,並需要兩名機組人員,其中一名操作並回報喊出已操作步驟,另一名則檢查是否完成。每次操縱都有已熟記、熟練、毫無疑義的操作程序。即使如此,飛行員還是會出現失誤。

預期性記憶失誤若在情報工作中發生會損傷慘重。傳訊人如果忘記要等到暗號就行動,將破壞整個探員組織。情報組織長久以來也借用飛行技術中的方法,來預防此狀況。

★腦力訓練:(第五級)

這次練習更加複雜:在桌上放置6項物品,並重現他們的位置。

增強預期性記憶

　　在此之前，你要先了解自己的預期性記憶能力。請回答下列問題：

・你會忘記生日、節日與週年紀念日嗎？

・你會在煮開水之後忘記泡茶嗎？

・你會忘記瑣碎的庶務而未完成嗎？

・你會在進了房間之後分心，然後忘記自己進來要做什麼嗎？

・你有時會在對話被打斷時，突然想不起剛才的思緒嗎？

・你會經常在出門前想不起要帶什麼嗎？

・你會因為健忘而忘記跟別人有約嗎？

　　如前所述，預期性記憶有兩部分：記得意圖與在適當時間回想。有許多方法可訓練，而既然已受過字詞清單記憶訓練，你已經以一步之遙領先。但是預期性記憶的大多數失誤都發生在回想的部分，因為缺乏外部提醒。

　　如果你想增進預期性記憶，可以使用美國心理學家史帝芬・拉伯爾吉（Stephen LaBerge）的訓練法。設定「目標」，即每天會發生在你身上數次的事件。例如目標設為「看到數字7」、「清道夫在掃地」、「穿紅衣服的女人過馬路」等等。盡量在一天當中達成目標越多次，看到越多數字7、清道夫、紅衣女子越好。把你達成目標的次數記錄下來，分析一週內達標的數據。過一陣子可以換一個目標，再過一陣子就增加到同時有2個或3個目標。這會加強預期性記憶中記住意圖與適時回想這兩部分的連結。

練習

　　用「目標」事件訓練可增進以外部刺激回想意圖的能力。然而，光這樣還無法擁有強大的預期性記憶：你必須「在適當時間」回想起來。情報員比一般人都需要準確時間觀念。首先，這會幫助你不用別人提醒，就能在正確時間想起要做的事。第二，你就能充分理解每個任務需要多久完成，更精確規劃如何完成任務。

　　現代人習慣依賴時鐘，而不去使用自己內在的時間感，造成它漸漸退化。為了找回內在時間感，必須更信任你的直覺。

練習

　　用一隻手按碼表計時，不要看碼表，嘗試自己數到一分鐘喊停。再增加到5分鐘、10分鐘，然後一小時。不要數秒數，只要專注於手邊的事。當對照結果發現內在時鐘太慢或太快，就再試一次。

練習

　　找一天試試看整天不看錶。最好連手機都不要用。你會真正體會到自己如何利用時間。

練習

　　開始一項工作任務時，試著預測會花多長時間。工作當中不要看時間，等完成後再對照時間，看看是否符合預測。你的預測和實際時間差距多大？是高估或低估了所需時間？從較短暫簡單的任務開始，例如寫電子郵件、打掃房間。當你能準確估計簡單任務所需時間後，再挑戰更大型的任務。

增強預期性記憶

　　預期性記憶的功能為儲存有關「意圖」的資訊，在預定時間內提醒你。接下來這一段會介紹在適當時間記起待辦事項的實用技巧。

　　最簡單的方法就是改變周圍環境，而且要有不尋常的改變才容易注意到。例如，把重訓器材放在牙刷旁邊，提醒自己早上要做運動。更奇怪的方式，則像是把車鑰匙放在冰箱裡。你一發現它出現在奇怪的地方，就會想起自己答應要帶某本書給同事。

　　你也可以在各種相干或不相干的時機，持續提醒自己重要的待辦事項。有個好例子就是在手掌心畫十字。人們通常會一直看到自己的手，而那十字記號會持續提醒你需要完成的重要工作。

　　隨身行事曆也能幫助預期性記憶。待辦清單不只是列出要做的事情，也是規劃行動的策略。關於意圖的記憶與工作開始前與結束後查看行程表的習慣大有關係。這樣做的話，在開始工作前就會接收到外部提醒，以激發內在的預期性記憶。

　　行事曆可用來規劃一天以上的行程。為了避免忘記節日時聯絡親戚朋友，在週年和生日等等日期做記號，規定自己在每週一前查看當週行程。這本日曆同樣能記下固定看診日、寵物打疫苗、水電費帳單、繳稅等等。它幫助你在時間內完成待辦事項，不會忘記太少發生以致很少掛心的事項。當然週年紀念日和生日可能已像內建電子裝置自動提醒，但這種狀況因為連回想都不費力，對預期性記憶反而有減弱作用。

　　另一種行為策略是定期「掃描」你的意圖。如果你規定自己每次開車經過那間店都想到要逛逛，就不會忘記要添購食物。

　　事件與意圖的連結可能是直接的，或是相反地，以奇異的方式連接。每個月第一天要清算所有收到的帳單，並規劃如何還款。如果當時天氣好，你可能會想出遊。

自我測驗

安德雷·西蒙諾夫的第一篇日記標註的日期為？

A) 1954年12月

B) 1954年1月

C) 1956年3月

D) 1955年6月

練習

　　發明待辦事項「掃描」規則。先從一兩件事著手。選擇一些對應的事件，讓你在事件發生時會啟動「掃描」：出門、離開辦公室、開車經過商店、路人過馬路、看到某個時間或日期、跟某人會面等。

　　遵照自己訂下的規則，養成習慣。漸漸地增加與目標和待辦事項連結的規則。

　　前述的記憶術也可在此派上用場。回想某個事件或場合，對應到「記起待辦事項」的動作。想像一些和該事件或任務有關的輕鬆愉快的畫面。假如你想買佛洛伊德演講錄，那你可以想像「開車路過書店」。想像你開車經過最喜歡的那間書店，結果碰到塞車，原來是佛洛伊德博士本人擋在路中央，邊抽雪茄邊在路上開簽書會，造成塞車。

　　最後，最有效的抗失憶絕招就是遵守規則與實行儀式。在情報組織中有許多規則。像是防止洩密的藝術就包含一系列規則：跟探員會面的當下與前後必須做什麼、如何談論工作內容、如何回答棘手的問題並躲避跟監。只要一個錯誤就可能致命。這方面來說，情報工作和駕駛飛機很像，因此情報工作也借用了一些飛行員工作法：規則與清單。唯一的不同在於情報探員使用的資料不存在文件中，而是存在他們的腦中。

　　如上述，預期性記憶的錯誤通常肇因於進行重要步驟時分心。為降低這類失誤率，你如果在做事時分心了，當下絕對不要

轉移注意力去做別的事。先暫停。修正自己的注意力，回到記憶中手邊原本的任務。建立一個包含這個任務和新任務的工作規劃，在腦海中跑一遍第一個任務到第二個任務，接著再回去進行第一個任務。因為這個任務尚未完成，記憶中的書籤會提醒你回去完成。還記得柴嘉尼效應嗎？

練習

　　為常常需要做的任務建立儀式與待辦事項清單。假如你常常忘記帶重要的物品出門，就寫一份清單，背下來。準備好之後，回想每一項物品，檢查是否都放進包包裡。

　　為重複性的工作建立待辦清單會省下很多時間心力。就從去上班時要帶的物品著手建立清單吧。

　　有時候預期性記憶會出現詭異的錯誤。有時人會忘記自己有沒有做某件重要的事：關熨斗、把車上鎖、餵貓等等。這是因為該動作變得太過習慣性，而非有意識地去做。而完成該動作與否被遺忘，但想要進行該動作的意圖仍存在。該意圖使你在乎其可能的結果。如果這種事太常發生，你可以設定目標事件，例如出門或下車。把目標事件與動作連結，例如確認家中電器都已關閉，然後在心中自行確認這個動作已完成。

CONFIDENTIAL

1955年11月11日
莫斯科

機密文件遺失案件調查

案件編號 #283

前達豪集中營俘虜魯道夫‧阿德勒、卡爾‧賽門與麥可‧立夫席茲
受德國國安局之約與荷西‧阿爾瓦雷茲當面對質。對質過程中,他
們清楚指認荷西‧阿爾瓦雷茲即為德國醫生艾利西‧芬克。指認者
提到,不只外表,其步伐、動作、表情都相同。

第二分局第九支首席行動指揮官
少校 米洛斯拉夫斯基

1956年2月6日
莫斯科

有關科學院檔案室中內含納粹德國心理學研究報告文件遺失一案，調查結果如下。

經調查判定荷西・阿爾瓦雷茲與戰犯艾利西・芬克為同一人。

另有強力證據證明阿爾瓦雷茲以間諜身份調查蘇聯國情。尚未有機會查明其雇主，但可推論應為法西斯派戰敗後逃亡至拉丁美洲之前納粹成員意圖醞釀納粹主義復興之組織。阿爾瓦雷茲（芬克）之動機可能為隱匿其在達豪集中營之犯罪事實，然此推論難以說明其拍攝文件複本之動機。

合理判斷阿爾瓦雷茲（芬克）與檔案室員工S. Y.伯恩斯坦失蹤案有關。伯恩斯坦違反安全規範將文件挾帶出檔案室，讓柯瓦列夫有機會閱讀該文件，因此柯瓦列夫論文草稿部分概念與該文件有雷同處。

阿爾瓦雷茲藉由柯瓦列夫發現該文件存在且伯恩斯坦有管道取得。阿爾瓦雷茲可能為企圖取得該文件而殺死伯恩斯坦。因並未找到伯恩斯坦之遺體，無法證實阿爾瓦雷茲與伯恩斯坦被謀殺案有關。

可推斷阿爾瓦雷茲於4月21日於尖端咖啡廳會面時對柯瓦列夫投毒。柯瓦列夫可能在不知情下成為阿爾瓦雷茲雇用之線人，卻在其後發現自己可能成為伯恩斯坦被謀殺之幫兇。阿爾瓦雷茲與柯瓦列夫被謀殺之關聯亦無法證實，因柯瓦列夫之驗屍結果未顯示被下毒跡象。

此案已移交至法庭審理。荷西·阿爾瓦雷茲以戰爭罪與間諜罪兩樁罪名起訴。

蘇聯國安局第二分局局長
費多托夫

#15g

★腦力訓練：火柴（第五級）

這次我們繼續用火柴練習，但是增加數量到15根。

這個練習在後面階段會很困難。如果沒有立刻成功也不要放棄。

★腦力訓練：字詞清單（第七級）

掌握記憶清單的技巧後，清單上的字詞數量應該難不倒你了。重要的是如何用最快速度記住。

在練習時，別忘記交替使用故事記憶法與位置記憶法。

資訊之於情報工作

　　與一般人普遍觀念相反，情報工作不只是以非法手段確保情資。首先，並非所以資訊都是機密。大多數資訊都是由公開與合法方式蒐集而來：從大眾媒體、廣告、研討會、展覽，或很普通的職場交流。「事實」可能相互矛盾，但不礙於決策。最重要的步驟其實是分析所有得到的資訊。

　　有了這層認識，資料蒐集就成為重建事件全貌的重要輔助步驟。初步的資料蒐集可以無窮無盡，但簡報時間有期限。資料分析要根據各個任務現況與可用時間，預想規劃什麼資料為必須及其可信度。

　　了解到不同資訊來源的可信度也不同，是很重要的觀念。通常情報探員會在可信度與時間限制間取捨。有時反而無法顧及可信度。分析員的工作不只要判定事實，還要判定機率。

　　身為情報分析員，你在得到資料後，該做什麼？首先，估算可用時間。時間概念在情報工作中影響重大。情報的時效非常短，等到完整的報告出現時，可能已經太遲了。

　　接著，深入了解問題，訂定分析停損點。判斷何為主要與次要資訊，專注於重要資訊。沒有任何規劃就各處蒐集資訊會非常消耗時間心力。

　　從公開來源的資訊著手。這種資訊時常重複。不同資訊來源可能相互矛盾或牴觸。不用擔心，這可能是因為不同的資料蒐集與呈現方式而產生。或者，問題出在你的資訊來源不可信。比

較、評估資料後，進行證實或否定。

　　分析二手資料來源，有無盡的好處。例如，發射有人太空梭的確切日期是絕對機密，幾乎無法直接取得資訊。但是有個方法已經過應用證實：太空人的食物會準備從出發日開始一到兩週的份量，在發射日當天必須是新鮮的。食品業的機密性就比科技業低很多。監視與該太空梭合作的食品供應商，或是藉其員工的聯絡管道，就能幫助你將發射日的預估範圍縮小到約一週。

　　當公開來源的資料分析完成後，再回到原本的計畫。找出還缺少什麼關鍵資訊。規劃下一步資料蒐集工作。估算你擁有的資源，可以的話，也向上級提出機密資料申請。

　　廣義來說，情報組織的目標是以合理推論重建現況的全貌，並據此進行公共議題預測，如軍事、政治、經濟、科學或科技。情報組織有興趣的是關於外國的三種領域：內政現況（現在正在進行）、能力（未來可能進行）及意圖（正要著手進行）。

練習

　　試著預測發生在你身邊的問題會怎麼發展。你家旁邊的公園橫跨道路什麼時候會蓋好？你們部門哪為同事會先升主管？你最支持的隊伍能進到季後賽嗎？判斷影響結果的推拉力，誰比較有趣、誰會是影響得分的關鍵。先從公開來源蒐集資料，再評估其可信度。以下四個問題可做為準則：一、現狀為何？二、每位參與者的能力如何？三、他們的企圖為何？時間到了，你就會知道自己的預測是否準確。

★腦力訓練：填字遊戲（7×7）

　　在此階段的難度等級，矩陣已經接近棋盤的格數，為七宮格。把黑色格子排成各種形狀或字母、數字。這麼一來需要記住的物件數量就會更少。

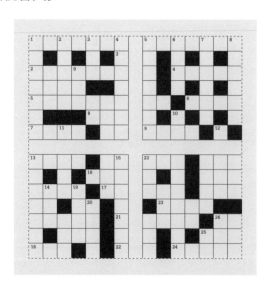

事實與真相

分析員的工作中，對照所有事實，比分析單一事實來得有用。舉例來說：X國的學生中，出國學習核子物理學的人數增長至兩倍；但這個事實本身可能沒什麼意義。有可能這個數字與該國年輕專業人才出國的人數增長相符。

但是若與其他事實對照，我們就能看到不同的真相：

· 在X國偏遠省份，有一間工廠購買了一臺強力工業用離心機。
· 通往該工廠的鐵路，新增了現代影像監視設備。
· X國最大的鐵路公司開始建造運送危險材質專用車廂。

這些事實加總起來，讓我們能產生一個合理推論：X國政府正在發展處理與強化核廢料的技術。監視鐵路的結果與列車到達處理場的紀錄則提供我們數據，可推算出建設的規模與速度。

而且，我們沒有至X國核能單位臥底滲透，就能推論出此假設。只要單純監視政府發包狀況，以及詢問一下那些資深工人和住在鐵道鄰近地區的次要線人就夠了。

　　有時候分析員需要做大量的觀察。就算是最平常的資料，多加對照也能導向出乎意料的結論。例如，以下的行事曆，顯示一位40歲男性又過勞的反情報探員A的行程：3月2日、3月5日、3月6日、3月11日、3月15日、3月20日、3月21日、4月2日、4月4日、4月7日、4月11日、4月13日、4月20日、5月2日、5月15日。光是這幾個日期沒有任何意義。而另住在另一棟公寓，一樣超時工作的28歲女性探員B的行程，也沒有什麼意義：2月27日、3月5日、3月7日、3月11日、3月15日、3月20日、4月2日、4月4日、4月6日、4月15日、4月24日、6月5日。然而，當我們比對這些資訊：

A：3/2、3/5、3/6、3/11、3/15、3/20、3/21、
　　4/2、4/4、4/7、4/11、4/13、4/20、5/2、5/15

B：2/27、3/5、3/7、3/11、3/15、3/20、
　　4/2、4/4、4/6、4/15、4/24、6/5

　　我們可能會猜測A和B建立了某種情誼，但可能在4月分開，或是進入下個階段，在工作以外的時間見面。這並非最終結論，只是假設，但是可以輕易查證。

　　數據對情報探員來說是有力的資料探勘（data-mining）工具。使用統計數據方法，需要足夠的數據量，專業的訓練，以及謹慎思考得到的假設，藉助數據證實。用不當的方式使用數據，

及不合理判斷衍生的推論，會導向無用或錯誤結論。例如：「所有吃小黃瓜的人都死了，可知食用小黃瓜會致命。」

練習

　　試著估算你最愛的那間咖啡廳一週營業額有多少。說明你使用的方法。多想幾種方法來計算。使用所有可用的資訊：座位數、菜單、帳單上的資訊、其他客人的評價、自己的觀察與實驗。

　　接著檢驗結果。問一下店裡的員工，像服務生就會很清楚店裡的收入，畢竟和他們收到的小費有關。

犯罪與懲罰的科學方法

分析員的工作也類似科學家與調查員。他們需要蒐集看似不相干的事實，以此為基礎重建真相全貌。希望藉由比對所有已知事實找到其中規律，會花太多時間，又無法保證有結果。因此分析員會借用現代科學，包括犯罪學的研究模式，使分析過程系統化。

第一階段：事實。蒐集有關該主題的基礎事實。盡量使用視覺想像，勾勒出一張配置圖或心智地圖。可以的話，對已有的理論、建議與觀點做些研究。要記住，有些資料並非完全精確或可信，而理論可能不完整或有錯誤。若是犯罪調查員，在此階段要審視犯罪現場並訪問目擊證人。

第二階段：假說。推論出一個假說，也就是能最合理解釋所有事實的假設。在此階段，犯罪調查員需根據證據與證詞，選出可能的犯人及犯罪方法。例如，某大型組織領導人被槍殺。犯罪現場調查及訪問其員工後，調查者得出一種假說，即死者的某位下屬為謀殺犯人，其動機為企圖取得死者的職位。

第三階段：結論。根據自己的假說，思考會發生什麼事，並驗證其真假。假說延伸的結果不在已知事實範圍內，須有能力陳述此範圍之外的事物。如果沿用上個階段的例子，那麼調查員可以如此推論：遺體在犯罪發生一個半小時後被發現。根據保全人員說法，沒有人員在警方抵達後離開辦公室，因此凶器與犯人還在建築物內。

　　第四階段：驗證。繼續發展假說。尋找新的事實來證明或反駁上一階段假說導出的結果。獲知新資料的方法之一是進行實驗。如果得出的事實與假說牴觸，就排除或修正假說並重新進行第一和第二階段。綜合新的資訊產生新的假說。如果假說推導出的結果都被證實，則一般來說我們會認為此假說得到證明。這只是暫時的，有一天可能會發現更多事實讓假說被推翻。通常比起證明假說，科學家會花更多心力在反證假說。但調查員卻必須證明。

　　假說（如：死者被下屬謀殺）與結論（槍還在辦公室內）能指導調查方向。我們知道要找什麼東西（槍）以及在哪裡找（辦公室內）。這比起在未知空間尋找未知物品容易多了。如果找到那把槍，就能從原本的假說繼續推導。如果沒有找到槍，調查員就必須思考槍如何被帶離辦公室，或是產生新的假說。

　　接下來我們用前述「核廢料再處理技術研發」的例子，建立以下推論過程。

　　第一階段：事實

　　1. 學習核子物理學的學生人數增長為兩倍
　　2. 該國某大化學廠購置了一臺強力離心機
　　3. 通往該工廠的鐵路支線裝設新的監視系統
　　4. 有一筆訂製載送危險化學物專用車廂的訂單
　　5. 主要核電廠內正在興建一座新的核廢料冷卻池

　　第二階段：假說

　　X國政府正在研發核廢料再處理技術。施工中的新冷卻池代

表即將堆積更多核廢料。鐵路安全措施可能意味載送的主要貨物運送方向或數量改變。該領域專家增多，顯示政府對核能領域做出更嚴謹與長期的配套政策。由於核能領域的特殊性質，亦可說明為何該國並未選擇聘請國外專家。

第三階段：結論

如果該假說為真，則：

- 該化學廠周邊輻射量將增加
- 出現遭汙染空氣氣爆現象
- 該化學公司將購買溶解固體放射性廢料所需的硝酸
- 核電廠內部系統工程會變得更複雜，需包括：膠結、玻化、瀝青化，用於處理核廢料，其建造過程非常複雜
- 將定期有武裝護送列車從核電廠至工廠

你不必研究核廢料處理的專業技術，也能導出這些結論，因為這些知識都可從公共來源查到，像是國際原子協會或環保組織網站。

第四階段：驗證

若輻量增加及放射性氣體外洩，應該會被大眾媒體報導或被環保組織爆料。有可能需利用X國的探員採集水和空氣樣本供化學分析，以及觀察鐵路列車動向。

如果結論與假說在第四階段被證實，那很有可能就是正確的，並可據此採取後續行動。如果未被證實，就需要配合新的資料擬訂新的假說。

科學研究過程既嚴肅又好玩。嚴肅之處在於證明或反證假說

須根據邏輯法則，好玩之處在於用直覺發想產生假說。儘管如此，科學方法能節省許多時間與資源。資料搜尋過程有了指引。我們不用再浪費時間取得不重要的資料。因此能更快做出決策，降低探員生命安全風險。

　　試著參考科學方法，依循以下經過多方驗證的原則：

1. 盡快擬訂一個可行的假說。胡亂蒐集資料會延宕解決問題的時間。

2. 以批判性思考審視該假說。人很容易受引誘而扭曲事實來配合假說。

3. 總是要有可能會重新來過的心理準備。假說被推翻不代表失敗，而是往成功前進一步。

4. 建立完整的假說很花時間。如果遇到瓶頸就休息一下。

　　時間會讓一切開花結果。

練習

試著更深入了解平常不會注意到的人。例如辦公室的櫃臺阿姨。她有家庭嗎？如果她會織彩色襪子，也許意味著她有孫子。直接跟她聊天來證實。試試看送東西給她的孫子，她可能會收下或拒絕，然後說明原因。

自行推論出公司大樓保全員的班表。猜猜看並實地證明你家附近蔬果店老闆是哪裡人。

練習

試著更深入了解自己國家的政治情勢，至少要比一般人做更多功課。試著猜測有什麼國家機密在上演。蒐集事實、比對、擬出假說並整理出預測。時間會讓你知道真相。

自我測驗

以下事實何者可證明伯恩斯坦與阿爾瓦雷茲的關聯（可複選）？

A) 阿爾瓦雷茲認識柯瓦列夫，柯瓦列夫是伯恩斯坦的朋友

B) 伯恩斯坦出現在阿爾瓦雷茲拍攝的照片中

C) 阿爾瓦雷茲認識伯恩斯坦。此事實為探員在布宜諾斯艾利斯的研討會與阿爾瓦雷茲見面時揭露

D) KGB第七分局調查行動中，在阿爾瓦雷茲下榻旅館房間發現RSHA檔案室的文件

E) 阿爾瓦雷茲與探員西莫尼德斯在莫斯科會面時，向探員展示拍攝的RSHA文件複本

F) 阿爾瓦雷茲被捕後，在其房間內找到伯恩斯坦負責管理的蘇聯科學院檔案室遺失文件照片複本

第 7 章

雙面間諜

　　有時探員的身份曝光，或是以情報組織的術語來說——被「揭露」，這時揭穿其身份的情報組織可能會提供他們新的「兼差」。被揭露的探員可能會接收此邀約並想自己政府的情報組織隱瞞此事。也有可能接受此邀約，而同時原本的上級亦知情且同意。

　　在第一種情況下，此探員等同背叛。有時他可從中得利，但一定在道德上蒙羞。第二種情況下，探員以新的身份繼續為他的國家服務，藉此誤導新的「雇主」。

　　如果說一般的情報探員過著雙面生活，那麼雙面間諜就是過著三面生活。他們沒有一刻能鬆懈，絕對不能搞混或忘記任何事物。

替代作用

佛洛伊德相信，人類心智由意識與潛意識組成。兩者各自受不同規則控管。佛洛伊德以冰山來比喻此現象：外在觀察者只能看到冰山一角，而其他90%都隱藏在水面下。同樣的，一個人的心靈大部分都不存在意識中，而在暗中影響人的情緒、思想與行為。

佛洛依德認為，在潛意識中隱藏著禁忌的慾望、情感與想法。而造成這些情感的情境也被心理機制替代。人藉由忽視與遺忘解決內在衝突，找到舒適的生活方式。心理治療師證實，許多病患會忘記自己經歷的極端情境，造成精神性失憶症。也就是當事件所造成的情緒讓人無法承受時，人會陷入遺忘。

一百多年來，關於佛洛伊德的理論有許多爭論。有些心理學家指責心理分析不符合科學，也缺乏經驗實證。也有人認同其價值，成功使用在臨床案例上。

根據佛洛伊德，意識與潛意識中被替代的內容產生的衝突，會導致心理疾病，如焦慮症、憂鬱症、強迫症。他提出以心理分析治療這類疾病，即透過心理分析師與病患對話，幫助病患了解字身內在衝突的原因。佛洛伊德認為，只要重新意識到潛意識中痛苦症狀的成因，至少能緩解，並開始治癒的第一步。

佛洛伊德發展出數種分析潛意識的方法。其中一種是自由聯想：想到什麼就隨意說出口。到某個時間點，這段自言自語會停下，彷彿遇到障礙。這代表潛意識中被替代的某個重要資訊被想

起。另一個方法是夢的解析。夢的性質與劇情象徵潛意識的內容。分析師解夢時也是在包住對方了解自己被替代的情感、慾望與記憶。

佛洛依德的替代理論中很重要的一個結論是，人傾向遺忘不愉快的事物，時常從記憶中抹去造成罪惡感和羞恥感的行為：犯罪、欺騙、無情。人們會遺忘小額債務、別人的請求、命令與沒有實現的承諾。這些事情有時會在記憶中被片面修改。例如，一個人會記得某個情境與他人的言行，卻不記得自己做的事。

情報探員經常需要處理創傷事件後的記憶替代現象。要幫助對方回想時，需使用心理分析技術。可以請對方隨意說出任何有關該事件的線索，想到什麼就說什麼，就算互不相干也沒關係。分析這段話。注意任何直接或間接與事件相關的線索。當對方暫停說話時，請他向你說明剛才在想什麼。清楚表達你不會因為他說的話責怪他，給予心理支持。將其中關聯一項一項檢視。對方表達的想法很有可能包含你想要的資訊，或是原本在對方潛意識中被替代的內容。

要記得，創傷情境的記憶，如摯愛之人死亡、恐怖攻擊、軍事行動等，會造成極大痛苦。如果你本身正在經歷這種心理創傷，請向專業心理師尋求幫助。

練習

記下夢的內容可能不是很愉快，卻能讓你更了解自己，而且

還能有效訓練記憶力。你必須在床邊放置筆記本和筆，用來記下夢的內容。起床之後立刻用幾個關鍵字速記夢的劇情。注意你在夢中感受到的情緒。在中午之前，再回顧一遍自己的筆記，再寫下更多夢的詳細內容。如果有些劇情和畫面一再重複，可能代表對你來說很重要、你很在乎的事物。

佛洛伊德非常重視夢的解析；他稱呼夢為「通往潛意識的康莊大道」。夢境具有珍貴的價值，能解開許多問題與挑戰。夢境刺激了許多重要的科學發想，像是苯酚子的環狀結構、化學元素週期表。

★腦力訓練：填字遊戲（12×8）

想像各種形狀與圖像，在腦海中排列填黑的格子。

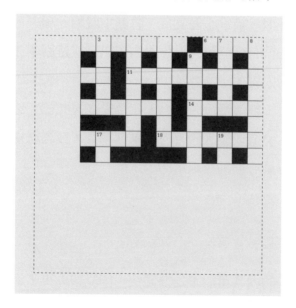

偽記憶

　　記憶是什麼？是一座資料庫，還是處理資料的過程？現代心理學認為記憶是一種過程。過去的記憶無時無刻更新。一方面這意味著我們可以找回被遺忘的資訊：利用記憶殘留的片段，重建事件全貌。另一方面，每次的重建過程也會改變記憶。

　　法國心理學家尚・皮亞傑曾描述過發生在自己身上的案例。他清楚記得，在他兩歲時，有人想把他從手推車上偷偷抱走。他曾經認為這樁事件是綁架案，也記得保姆嘗試阻止綁架犯，以及犯人看到警察之後逃走的情景。他對自己的記憶很有自信，直到15歲時，保姆開始信教，並寫信告訴皮亞傑的父母是她自己編造了整個故事。而這位心理學家從父母那裡不斷聽到這則故事，以致在腦海中活生生重現那些畫面，並當作真實事件記住了。這個例子說明人腦偽造記憶時，當事人有可能真心信以為真。

　　兒時記憶常常出錯。心理學家稱此現象為童年失憶症（child amnesia）。人通常無法記得出生後幾年的事情。關於這個現象有數種理論，例如心理分析觀點（童年的內在衝突造成替代現象導致失憶）、神經生物學觀點（童年早期大腦構造尚未發展完成）。最有說服力的理論，是近期科學界的普遍認知，認為長期記憶發展與抽象思考和語言發展有關。兒童在生命最初幾年還沒學會足夠概念以透過記憶處理外部事件。

　　然而，有許多人還記得早期童年中的他人長相、玩具、情節與事件。而這些例子的通則是這些記憶都以照片或大人告訴他們

的故事為基礎，就像皮亞傑的案例。

　　但是別因此誤以為偽記憶只能填補兒時記憶的空隙。偽記憶也會因認知偏誤產生：人們看到他們想看的，忽略與自己信念衝突的，並根據信念自行填補事件全貌。如果一位目擊證人相信大部分犯罪都是遊民所做的，就會說自己看到的罪犯是遊民。他們可能不會注意到該罪犯是有錢人的跡象，還會自行填上其他細節。他們會根據自己的刻板印象重建事件面貌，並堅信自己清楚記得所有事件。

　　另一種偽記憶的原因是從眾。從眾是指讓自身態度、信念與行為符合群體規範的現象。有無數心理實驗顯示人們有多容易被有領袖魅力的人物影響，或是被假扮受試者的實驗人員施壓。有些人受影響的程度之大，甚至完全否認非常明顯的事實，或是看到別人說謊而有樣學樣。40%以上的受試者看到一組直線，指出這幾條線都是同樣長度，然而這些線的長度很明顯不同，但是在他們之前的受試者說這些直線一樣長，於是出現從眾現象。因此，容易被同儕影響的人，其記憶也很容易受他人暗示，尤其當這些暗示為權威或有影響力的人所重複傳遞。

　　偽記憶和謊言不同。就算再說一次，有偽記憶的人仍然真心相信此記憶，可以有自信地說出口，因為他們打從心底相信自己說的話。這些記憶也有其內在邏輯。

　　常常接觸線人的情報探員，也得常常面對偽記憶現象。因此他們必須再確認資訊。分辨真雅的首要方法就是比對不同來源資訊。如果不同的人給的資訊相符，可能就是正確的。如果資訊有

出入，就必須判斷誰才是可信的來源。另一個分辨真實記憶的方法是持續並詳盡確認對方所見所聞的一切，以及過程中的想法。

自我測驗

在「犯罪與懲罰」這一段，該大公司添購了什麼物品？

A) 鐵路

B) 監視攝影系統

C) 危險化學品

D) 離心機

練習

在某次活動（慶祝會、派對、野餐等）過後幾天，問每位參加者其他參加的人有誰。誰有出現？誰穿了什麼？誰坐在哪裡？大家在聊什麼？某張桌子上有什麼東西？誰何時到來何時離開？你會藉此發現每個人所說的有許多驚人的差異。可以的話，察看活動照片或影片，確認這些記憶的真偽。

練習

探索你最深刻的童年記憶。和父母與親戚說的故事對照。也可以查看當時的家族照和影片。如果發現和記憶不同之處，試著思考這些位記憶從何而起。

練習

著手撰寫個人傳記。以年為單位重建從出生到現在的個人歷史。回想你住過的地方、做過的事、當時的朋友，問問認識的人比對記憶與家族照片和文件。找一些老朋友、老同學，或前同事。對情報探員來說，這也是設計另有說服力的假身份很有效的練習。

操縱記憶

　　記憶的脆弱讓線人提供的證詞與資訊都增添了疑慮。回想的過程可能因失誤或他人蓄意引導而出錯。

　　資深的律師知道如何使目擊證人的證詞失效。詢問關於細節的複雜問題，會使證人心生懷疑，最後推翻自己所有證詞。

　　例如，當證人被問及搶匪飆車到銀行時所開的那輛雪鐵龍是什麼顏色，目擊者說綠色。在律師給予壓力的情況下，他們認為自己記得車子的顏色。事實上目擊者並未看到該車接近銀行，也無法指認車的型號。然而，經由律師誘導提問，證人因此重建記憶，並開始真心相信。「是，那是一輛綠色雪鐵龍、全速開向銀行。」聽完證詞後，律師則拿出錄影紀錄比對，在錄影中，只有一輛綠色福特汽車緩慢駛向銀行。資料與證詞明顯不符，使證人的證言在法庭上失效，證人也會對搶案現場的記憶失去自信。最重要的是，證人會在指認搶匪時失去自信，而搶匪就可能因此躲避刑罰。

　　無論是定罪或釋罪的證據，都可能是錯誤的。司法史上有太多審判不公的紀錄，無辜的人因虛假的記憶被定罪。小孩的證詞更需質疑。他們有強大的想像力及容易被引導的特質，因此不適合當證人。

　　記憶並非存放資料的倉庫，而是一再重建的過程。過程中的外部干涉會影響結果。你不但能改變或毀掉既有的記憶，還能植入新的記憶。實驗顯示有30%的成人會受影響而記錯童年回憶。

在某些例子中，這些記憶開始住進他們心中，變得有血有肉，生動而充滿情感。

　　成年後事件的偽記憶也可以被植入，尤其是當謊言與真實混淆在一起時。有時情報探員可以利用「提醒」別人回想沒有發生的事件，特別是進行非法工作的探員。

　　成功暗示成年人以植入事件記憶，需要一些功夫。以下介紹一些訣竅：

1. 事件發生時間需在很久以前。要植入並未發生的事件記憶，則此事件要設計在三到五年前發生。如果要用暗示在真實事件加入假的細節，那麼事件時間點可以是幾個月前。

2. 對事件的描述須要有說服力。謊言必須搭配真實事件。要把並未發生的事件與對方人生中的真實場景連結在一起。

3. 細節豐富的故事更有說服力。

4. 如果包含更多不同感官資訊也會更可信，例如畫面、聲音、氣味。

5. 用偽造的相片或權威人士的發言支持你的故事。

6. 讓偽記憶生效需要時間。在「暗示階段」之間留一些空檔，讓該資訊固著於對方大腦中。就算對方一開始拒絕相信，他們也會在空檔時開始心生懷疑。於是之後植入記憶的過程就會更順利。接著還需要讓偽記憶被重複回想，對方聽到越多次，這個暗示就會越穩固。

7. 如果對方堅決否認，那麼你就要轉換策略，專注於記憶的
   不可信：「請你再試著回想」、「你可能記錯了，事情不
   是這樣」、「不可能，因為……」等等。用含有正確答案
   的引導式提問也很有用：「他有留鬍子不是嗎？」、「當
   時是晚上。你記得嗎，街燈都亮了啊？」

　　操縱記憶並非都是不道德，「這是聖誕老人給你的禮物」也
是一種；但也有可能非常危險，例如：政府宣傳謊言以竄改歷史
──人民的集體記憶。

練習

　　試試看在認識的人腦中植入偽記憶。例如派對上發生的笑話
或糗事。想一個細節豐富的故事以及暗示的策略。可以的話也準
備「證人」和「證據」。如果一開始對方不相信也別放棄。

　　請對方再試著回想，並說出更多細節。或許最後對方回想出
來的故事會比你預期的還生動有趣。

　　但是請小心，對人植入偽記憶可能損害心理健康。對方相信
了之後，要趕快承認這只是惡作劇。

謊言偵測

　　測謊機是一部可測量並記錄生理狀態資訊的機器，包括脈搏、血壓、呼吸、膚電反應、肌肉張力、肢體顫動等。

　　人在說謊時會形成內在衝突狀態。他們會感到罪惡感，並害怕真相揭發而被懲罰。內在衝突會產生強烈情緒，在測謊機上很容易被看見。然而測謊機無法直接判定謊言的內容，只能顯示情緒興奮狀態，如果正確判讀就能夠指出受測者在說謊。

　　測謊機的測試結果有90%要仰賴操作者的知識經驗。首先，受測者的反應根據問題而不同。這些問題必須經過準備及正確的順序排列。再者，操作者必須了解受測者的說謊時的精確情緒反應。畢竟他可能只是因為測試過程而感到害怕，所以就算在說真話時也會緊張。

　　操作者要做最終判定對方是否說謊，但這牽涉到許多主觀因素。詮釋生理指標時。操作者有很高機率會犯下兩種錯誤之一：宣稱偽證為真，或指控誠實的受測者說謊。測謊機測試的品質也多仰賴問的問題本身。問題通常有兩大類：第一類與目標答案有關，第二類有助於了解當受測者說謊時他們如何反應。這些控制組的問題被採用，讓受測者不得不說謊以維護自己的聲譽。

　　舉例來說，第一類直接相關的問題如：「你曾把機密資訊交給無權取得該資訊的第三方嗎？」而控制組問題則像是：「你曾經偷別人的東西嗎？」一般來說，人一生中都會偷拿別人的東西至少一次。然而受測者可能不希望自己被視為小偷而說謊。這時

就會刺激情緒反應，這個反應就是分析員在詢問真正相關的問題時要注意的反應。

因為情緒有主觀的不同，操作員無法詮釋某個反應，而是分析各種反應之間的差異。如果相關問題比起控制組問題引起對方更強烈的反應，表示對方可能害怕被定罪。如果反之，就如大多數測試結果，他們更關心維護自己的尊嚴，而被控間諜罪聽起來反而不太可能發生。

測謊機也會被鑽漏洞，而厲害的情報探員就知道怎麼做。有太多方法能通過測試，因此專家們把這些方法分組如下：

1. **人為操作**。這是最簡單的土法煉鋼。讓自己受傷、咬舌頭、咬臉頰肉、用力扭曲腳拇指、把針插在鞋子裡把腳趾戳進去。

   疼痛與肌肉緊張會扭曲生理變數，使操作員難以判斷。不過經驗老到的操作員會在過程中注意到某些人為抵抗，若被發現，對受測者而言就不是很有利了。

2. **藥物手段**。服用鎮靜劑或興奮劑以混淆數據。在使用藥物手段時要小心，因為精神藥物可能在其他方面露出馬腳，例如瞳孔縮小或放大，脈搏或膚色改變。而且還有用藥過度的危險。

3. **行為方法**。和操作員聊天裝熟、重複問題、裝瘋賣傻。過度興奮也會影響生理指數。就算受測者回答相關問題與控制組問題時有生理反應差異，而指出說謊的可能性，也會因為受測者對操作員所有的問題或言行做出過度反應，而

抹消此可能性。過度親暱或放鬆的行為也會加深判斷的難度。

4. **心靈方法**。這類方法集合多種心靈自修的技巧,包括參考瑜珈和其他東方系統的放鬆技巧,以及利用心算或深度思考其他問題使自己分心。這類方法非常有效,但是需要下非常多功夫訓練。

　　理性分析方法也非常有用。只要先知道測驗的目的,就能先做準備。為了不要在回應特定問題時顯露焦慮或興奮,先在心中為想要隱匿的行為準備正當理由。例如,某人可以對自己解釋,把機密資料交給外國情報員,是為了傳播不再是機密的科學知識並用於促進和平。一位店員也可以正當化自己偷竊的行為:因為自己工資過低,所以他只是拿回本就屬於自己的東西,而非偷竊。準備完善的理由會給予人自信,能有效平息說謊造成的內在衝突。這也是為什麼偽記憶無法用測謊機偵測,因為受測者完全相信那些記憶是真的。

　　正因生理反應沒有絕對正確的詮釋方法,所以也沒有騙過測謊機的完美方法。但是通過測謊絕對需要知識與訓練。

練習

　　學習控制自己的生理反應。這個練習需要脈搏或膚電反應感測器。感測器要放到手指或耳垂上,連接螢幕,即時觀察自己的

生理數據。

　　有很多軟體可以用來學習如何有意識地控制生理狀態。學會這個技巧，除了通過測謊之外還能用在許多地方。

★腦力訓練：反義詞

　　閱讀下表，並說出每一格字詞的反義詞。例如看到「亮」就要說「暗」。反覆持續練習，可以增進認知能力與反應力。

大	便宜	乾淨	深	往下	早	簡單
滿	好	快樂	重	這裡	高	熱
亮	長	大聲	多	新	富有	正確
安全	軟	強	高	厚	暖	濕
妻子	年輕	光滑	有趣	外面	粗糙	光滑
胖	快	遠	寬	大膽	害怕	坐

一路走來，你花了很長時間練習。毫無疑問，你的記憶力大
有進步。而且處理資訊、時間管理與溝通的能力也增強了。時常
回到本書的練習。減少使用電子產品的時間與不必要的記憶負
擔。以上就是維持並增強心智能力的方法。

　　除了資訊處理所需的技巧，本書也介紹了情報組織所用的人
際溝通方式──其中有一些可能會造成心靈傷害，請務必謹慎使
用。

←

你能記得多少呢？

阿爾瓦雷茲（芬克）被判處25年有期徒刑。死在獄中。

西蒙諾夫，代號「西莫尼德斯」，成為第二分局分析員。與一位同僚結婚。後被外國情報組織招募，經過上級允許，透過他展開多年雙面臥底行動。

弗宏索瓦‧雷格呂成為外交官，1961年於阿爾及利亞逝世。RSHA文件至今仍為機密。柯瓦列夫的論文由另一位學生完成，主題改聚焦於舒爾茲自律訓練法。

伯恩斯坦仍下落不明。

自我測驗：解答

p.19 B)

p.23 C)

p.35 B)

p.44 B)

p.48 B)

p.59 A)、C)、D) 和 E)

p.79 B)

p.89 B)

p.109 D)

p.130 考古學家、麥可與洛斯托維茲

p.146 C)

p.155 B)

p.172 C)

p.189 B) 和 C)

p.208 C)

p.220 B) 和 C)

p.231 A)

p.249 B) 和 F)

p.257 D)

俄文版致謝

本書能夠成書，要感謝以下幾位的貢獻：

西莫尼德斯的日記概念與圖文：丹尼斯·布金（Denis Bukin）。

授權翻譯：斯維特拉娜·史喬洛柯娃（Svetlana Scholokova）。

編輯與負責西莫尼德斯的日記：佛拉德米勒·佛多維克夫（Vladimir Vdovikov）。

英文版文字審潤：亞列克珊卓·柯隆太（Alexandra Kollontai）。

攝影：卡米爾·古力葉夫（Kamil Guliev）。

繪圖：瓦西利·亞爾同司基伊（Vasiliy Yaltonskiy）

互動練習：娜塔莉亞·庫茲涅特索娃（Natalia Kuznetsova）、帕非爾·卡畢惹（Pavel Kabir）、伊爾亞·祖巴雷夫（Ilya Zubarev）、贊勒給·祖丁（Sergei Zudin）、嘉琳娜·史密勒諾娃（Galina Smirnova）。

排版：勒斯亞·柯佛圖恩（Lesya Kovtu）、丹尼斯·布林（Denis Burin）

www.improve-memory.net網站：魯斯帖姆·拉茲曼諾夫（Rustem Razmanov）、贊勒給·祖丁

我們還要感謝：

卡奇雅‧葛雷伯聶娃（Katya Grebneva）參與討論過程，給予協助與包容、協助電子相關內容審稿。

斯維特拉娜‧史喬洛柯娃提供許多撰寫方向的概念與許多建議。

佛拉德米勒‧佛多維克夫完整仔細的編輯工作。

亞列克珊卓‧柯隆太對全書英文內容的創意貢獻。

伊黎娜‧古斯奇娜（Irina Guskina）的合作與支持。

雷斯雅‧柯佛圖恩（Lesya Kovtun）、歐克撒那‧特雷奇雅柯夫（Oksana Tretyakov）、瓦倫廷‧拉普契夫斯基伊（Valentin Lapchevskiy）為本書設計與外觀貢獻許多。

拍攝模特兒：亞勒譚‧佩特羅索夫（Artem Petrosov）、佛拉德米勒‧伊帕托夫（Vladimir Ipatov）、佛拉德米勒‧馬爾特賽夫（Vladimir Maltsev）、伊凡‧佩隆契夫（Ivan Pronchev）、瑪格麗塔‧克利諾區奇娜（Margarita Krinochkina）、瓦西利‧阿伐那謝夫（Vasiliy Afanasyev）、娜塔莉亞‧庫茲涅特索娃、埃麗莎維塔‧拉普特娃（Elizaveta Lapteva）、尼可萊‧贊勒給耶夫（Nikolai Sergeyev）、歐克撒那‧特雷奇雅柯夫、瓦倫廷‧拉普契夫斯基伊、艾蓮娜‧馬勒柯娃（Elena Markova）、斯維特拉娜‧史喬洛柯娃、安娜史塔西亞斯‧艾歌羅娃（Anastasia Egorova）、艾利歐那‧戈克（Alyona Gok）、安東‧伊斯克林（Anton Iskrin）、塔奇雅娜‧席勒雅耶娃（Tatiana Shiryayeva）。

KGB 間諜式記憶術

SPY SCHOOL: Are You Sharp Enough to be a KGB Agent ?

作　　　者	丹尼斯‧普欽（Denis Bukin）、卡密耶‧古里耶夫（Kamil' Guliev）
執 行 編 輯	顏妤安
譯　　　者	潘榮美
行 銷 企 劃	劉妍伶
封 面 設 計	陳文德
內 文 構 成	呂明蓁
發 行 人	王榮文
出 版 發 行	遠流出版事業股份有限公司
地　　　址	臺北市南昌路 2 段 81 號 6 樓
客 服 電 話	02-2392-6899
傳　　　真	02-2392-6658
郵　　　撥	0189456-1
著作權顧問	蕭雄淋律師

2020 年 11 月 01 日 初版 1 刷
2020 年 12 月 31 日 初版 2 刷
定價　新臺幣 330 元
有著作權‧侵害必究 Printed in Taiwan
ISBN　978-957-32-8885-5
遠流博識網　http://www.ylib.com
E-mail　ylib@ylib.com
（如有缺頁或破損，請寄回更換）

First published in Russia 2014 by OOO Alpina Publisher.
First Published in the UK 2017 by Boxtree, an imprint of Pan Macmillan, a division
of Macmillan Publishers International Limited.
This edition published by the arrangement of Pan Macmillan through
Peony Literary Agency Limited.
Chinese (complex character) Copyright © 2020 by Yuan Liou Publishing Co. Ltd.

國家圖書館出版品預行編目 (CIP) 資料

KGB 間諜式記憶術 / 丹尼斯 . 普欽 (Denis Bukin), 卡密耶 . 古里耶夫 (Kamil' Guliev) 著；潘榮美譯 . -- 初版 . -- 臺北市 : 遠流 , 2020.11
面；　公分
譯自 : SPY SCHOOL: Are You Sharp Enough to be a KGB Agent ?
ISBN　978-957-32-8885-5(平裝)

1. 記憶

176.338

109015088　30